Le
Premier Volume
des
ALBUMS-REIBER
18 76

JE SÈME À TOUT VENT

PROPAGANDE ARTISTIQUE DU MVSÉE-REIBER
Le Premier Volume des
ALBUMS-REIBER
BIBLIOTHÈQUE PORTATIVE
des Arts
du Dessin.
1877
Paris, Ateliers du Musée-Reiber, 54, R. Vavin.

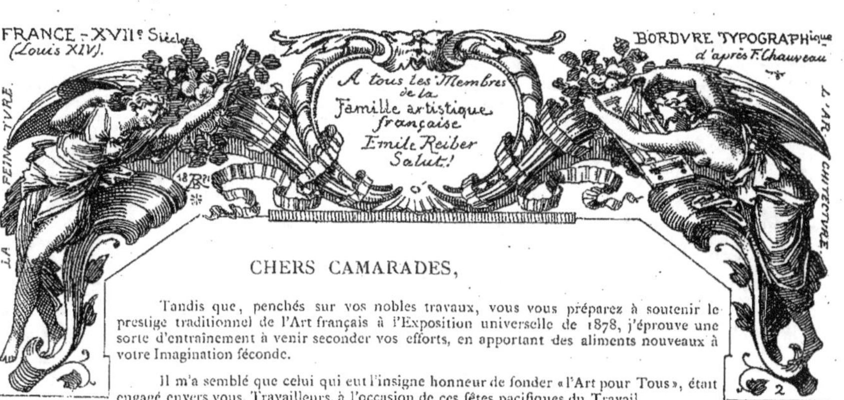

CHERS CAMARADES,

Tandis que, penchés sur vos nobles travaux, vous vous préparez à soutenir le prestige traditionnel de l'Art français à l'Exposition universelle de 1878, j'éprouve une sorte d'entraînement à venir seconder vos efforts, en apportant des aliments nouveaux à votre Imagination féconde.

Il m'a semblé que celui qui eut l'insigne honneur de fonder « l'Art pour Tous », était engagé envers vous, Travailleurs, à l'occasion de ces fêtes pacifiques du Travail. Je viens donc vous faire part des nombreux matériaux d'Étude que j'ai rassemblés depuis tantôt douze ans.

Mon But, alors, aurait pu paraître ambitieux à quelques-uns. Il m'est permis de l'avouer, maintenant qu'il est près d'être atteint.

Il s'agissait d'arriver à constituer, pour nos Arts nationaux, un rationnel et solide Corps de doctrines, sur lequel nous puissions asseoir en toute sécurité, et à l'abri du hasard des fluctuations du Goût public, le développement régulier des *Arts de l'Avenir*, — auxquels il faut bien songer. J'ai cru ne pas me tromper en leur assignant pour caractères principaux : la logique, la sincérité, la simplicité, la facilité de production. Le travail auquel j'ai dû me livrer — en me basant sur ces données, — je viens vous le soumettre aujourd'hui.

Les légères feuilles de cette suite d'Albums seront comme les pages détachées de mes Carnets de touriste et de voyageur, c'est-à-dire l'exacte reproduction des Notes et Croquis pris au cours de mes observations. Je me propose de résumer et de classer méthodiquement dans une Publication plus importante les principes qui s'en dégagent. — Vous trouverez naturel, je pense, qu'à une œuvre aussi personnelle j'aie attaché mon nom.

Vous allez faire ici connaissance avec un nouvel et précieux Instrument d'Analyse dont j'ai trouvé l'idée dans les antiques Systèmes d'Écriture et d'Ornementation des races primitives. Je veux parler de mes Diagrammes ou Notations graphiques, résumant la conception, le premier jet de toute création de la Nature ou de l'Art. Avec leur secours, il m'a été donné de pénétrer (pour parler comme les anciens Maîtres), dans « l'Ame des Choses », et de reconstituer ainsi, dans un religieux recueillement, les grandes Lois de la combinaison des Lignes, science aujourd'hui presque totalement perdue, même chez les peuples de l'Extrême-Orient, mais aux derniers vestiges de laquelle ils doivent cette fécondité qui nous a tous frappés lors des dernières Expositions internationales.

Vous voyez que je touche à des « Choses augustes », et que mes petits livrets ont plus de poids que leur volume ne semble comporter. Faites-en vos vade-mecum, vos inspirateurs secrets. Laissez-vous pénétrer de la pure flamme de leur doctrine antique. Puissent-ils vous communiquer cette Foi inébranlable qui m'a guidé dans mes patientes recherches. Un de mes Anciens, l'illustre Fa-Hien, n'a-t-il pas dit :

誠之所感。無窮否而不通

Nul lieu n'est impénétrable pour quiconque est animé d'une foi sincère ?

Vous voyez que je parle... pontificalement.

J'attends en toute confiance les brillants développements que vous saurez en tirer, — à la gloire de notre chère patrie.

Paris, Septembre

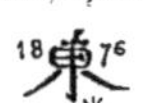

AUX ATELIERS

AUX ÉCOLES

AUX FOYERS DES FAMILLES

du plaisant pays de France

CE LIVRE

est dédié

Debout ! éveillez-vous ! approchez-vous des Maîtres illustres, et instruisez-vous, quand même le chemin de la Connaissance des Choses est malaisé, malaisé à franchir, comme le tranchant d'un rasoir bien affilé.

Inde. — YAGGOUR-VÉDA — x1e Siècle avant Jésus-Christ.

Un jour de vigueur et d'effort vaut mieux que cent ans de torpeur et de prostration.

BOUDDHA.

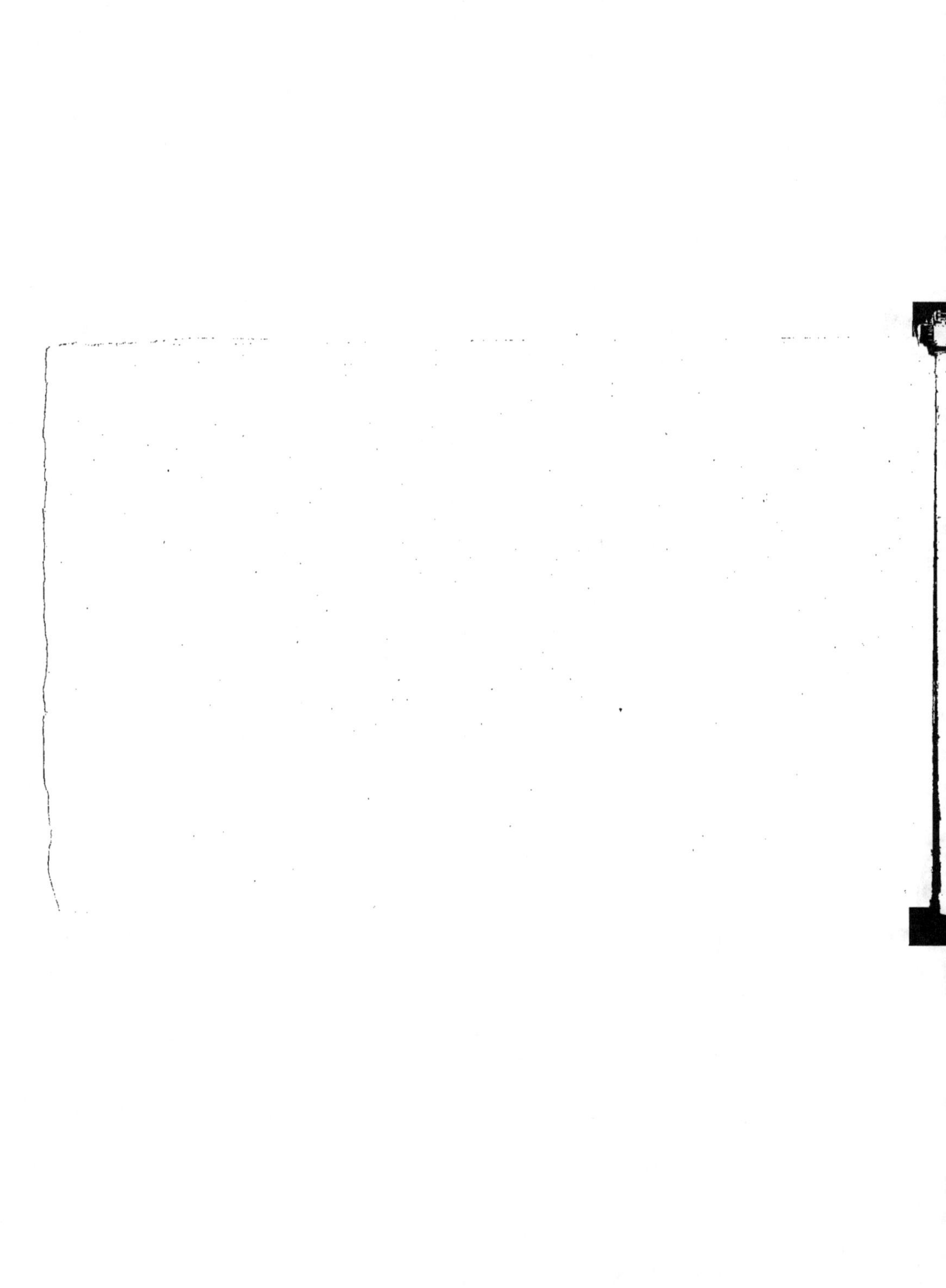

(Branche fleurie de Coignassier)

Ami Lecteur,

Permets au Voyageur qui revient du fond de la Chine, et même de plus loin encore, de t'offrir, suivant la coutume des habitants du Céleste-Empire, le « Rameau de Bienvenue ".
Les Épines te représentent le Travail, l'Étude, les difficultés de la Vie ; les Fleurs, la Science, le Talent : les Boutons, les promesses de l'Avenir : la Colombe blanche, l'Intelligence humaine qui s'applique à l'étude de l'inépuisable Nature

Puisse ce Symbole t'être agréable !

Paris, 1ᵉʳ Janvier 1877.

Emile Reiber.

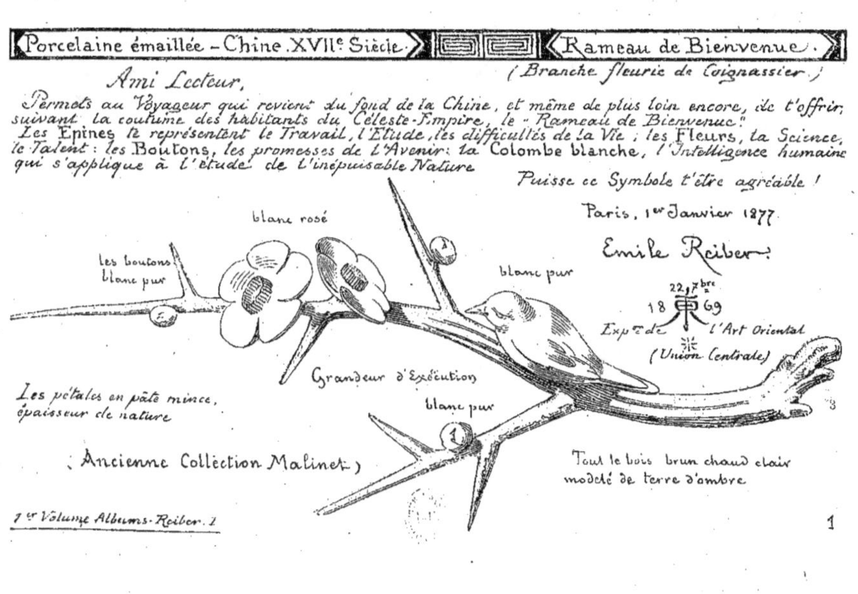

1

Au Musée de Sèvres

Diagrammes
du Motif de Décor
des Compartiments

Terre rougeâtre, non émaillée ; décor au pinceau, gris bleuâtre (manganèse).

Dans cette décoration l'influence de la tradition de l'Extrême-Orient paraît évidente. Du reste, si les vaisseaux du Roi Salomon allaient au pays d'Ophir, les flottes Phéniciennes pouvaient bien aller au pays de Sina (Chine).

2

Cartes à jouer peintes,
de l'ancienne
Collection Lecarpentier.

J'acquitte ici une dette de reconnaissance en rappelant au souvenir du Lecteur le nom de cet Amateur intelligent et regretté.

Avec quel empressement il mit, le premier, toute sa collection à notre disposition, lorsque, chargés de l'installation du «Pavillon de l'Art Rétrospectif» à l'Exposition des Arts Industriels (Palais de l'Industrie, 1864), nous éprouvions tant de difficultés à décider les Amateurs à se dessaisir momentanément des trésors de leurs collections!

Dès l'année suivante, de nombreux Amateurs vinrent se grouper autour de lui, et le succès de ces sortes d'Expositions n'a fait que grandir depuis

(Exposition de l'Union centrale. 1865).

(A suivre.)

6   7   3

Système Quadrangulaire Diagonal

Diagramme :

Nᵒ. Voir. p. 89 l'indication de la Génération de ce Système.

Quatre types variés de la façon dont on peut diversifier les Dispositions conçues dans ce Système.

fig. 8. Filet simple (a, a, a, a); les champs remplis d'une "grecque". La composition se détache en gris mat sur un fond de velours noir. Etoffe de (ceinture).

fig. 9. Filet double; les champs étoffés de losanges à côtés interrompus. Le dessin se détache en rose vif sur un fond rose tendre.

fig. 10. Filet triple; les champs remplis d'une rosace losange. Dessin blanc sur fond vert pré.

fig. 11. Large filet alterné d'un triple filet fin; dessin interrompu avec semis irrégulier de larges palmes fleuries. Dessin blanc sur fond rouge vif.

Avis. J'engage le Lecteur à colorier ces dessins suivant les notes ci-dessus.

8

9

10

4.

ÉTVDES
SVR LA
FLEVR
DU
LOTVS.
—
fond jaune
pointes bleu cl.
pointes rouges.
pointes bleu clair
vert
vert
Musée du Louvre.
B.6.
Le Cône funéraire (rouge)
bandeau & tiges
jaune
Cheveux
bistrés.
vert
vert
jaune
rouge...
jaune
trait noir
a. a. bleu clair
le
collier
jaune
12

fig 15. Boîte à 4 compartiments superposés. Souvent le compartiment inférieur porte des anneaux métalliques, auxquels sont fixés des cordons de soie munis de glands qui s'attachent par un nœud sur le dessus.

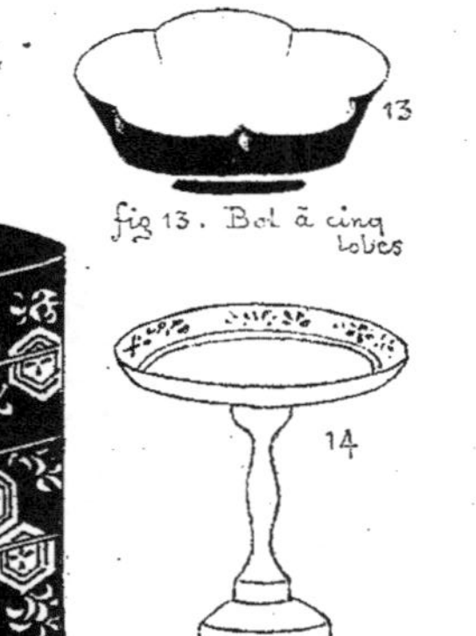

fig 13. Bol à cinq lobes

fig. 14. Coupe à pied très élevé, forme balustre.

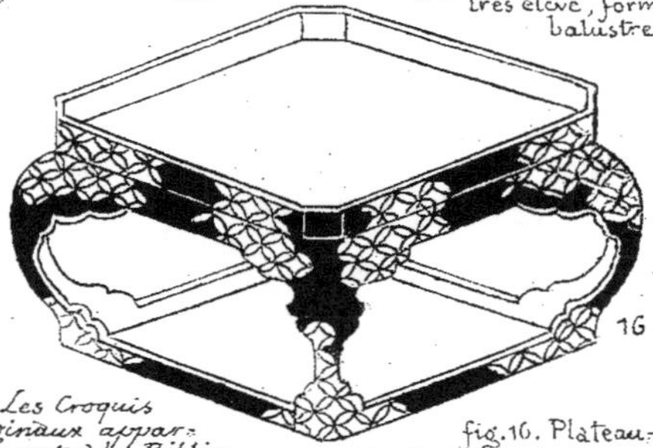

fig. 16. Plateau-présentoir, à angles abattus, monté sur quatre pieds courbes.

Nª Les Croquis originaux appartiennent à la Bibliothèque du Musée-Reiber

Inutile de faire ressortir l'élégance et la simplicité de fabrication de ces objets.

G.

Reliures ~
Alsace · fin · XVe · S?
ETVDES · SVR · LA · DISTRIBVTION · DES · SVRFACES.
Les Alsaciens de l'an 1470, en alignant ainsi ces losanges de ?
cœurs percés de flèches, ne se doutaient certes pas qu'ils impri=
maient les « Armes parlantes » de l'immense crève-cœur qui
devait frapper leurs « descendants », date pour date, quatre cents
~ ans plus tard.

Nᵉ 1.   Nota. Ces Figures sont empruntées au Manuscrit de l'Ouvrage en préparation:

· LE · MVSÉE-REIBER ·
Encyclopédie pratique
des Arts du Dessin,
3 Vol. in f° dont un d'Introduction.

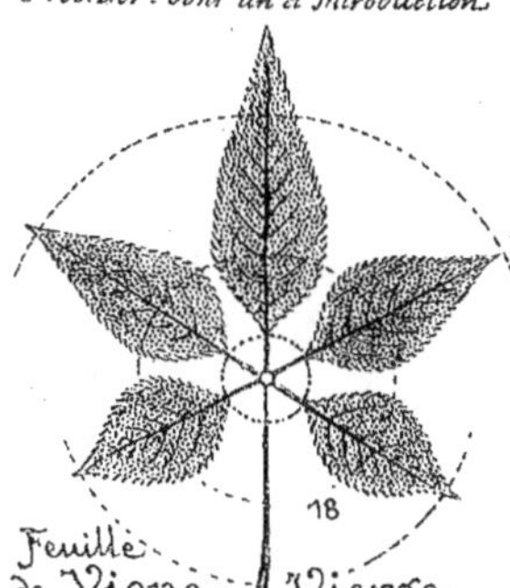

Feuille
de Vigne - - Vierge.

LA GÉOMÉTRIE DANS LA NATVRE
Combinaisons primaires des Lignes

L'étude des monuments primitifs de l'industrie humaine nous apprend qu'obéissant à cet Instinct irrésistible qui sans cesse porte l'Homme à faire œuvre de Création, les premières Races ont su tirer de la Contemplation de la Nature cette sorte de Philosophie des Lignes et des Formes qui marque leurs ustensiles, leurs armes, leurs costumes, leurs habitations d'un cachet si puissant.

Même chez nous, civilisés, et parqués dans les Villes, loin du contact salutaire de la Nature, nos enfants, en des griffonages informes, ne savent-ils pas décomposer, sans consulter personne, leurs « bonhommes "en tête, tronc, bras et jambes ?

Ne serait-il pas à désirer que nos Méthodes primaires de Dessin, s'inspirant mieux de la Loi naturelle des choses, s'appliquassent désormais à exercer à la fois l'Oeil, la Main et l'Intelligence de L'Enfant, par le Tracé de la

Décomposition des Ensembles au moyen des Lignes Géométriques ?

C'est là ce que j'appelle la Graphique primaire.

(A suivre).

Diagramme
ou
Notation graphique
du
SYSTÈME
HEXAGONAL
RAYONNANT.

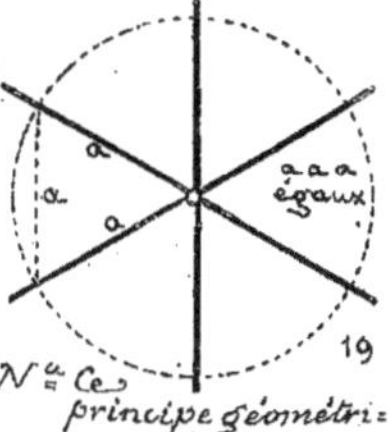

Nᵘ Ce principe géométrique se retrouve dans les Fleurs &ᶜ 8

(GRAPHIQVE DES SOLIDES).

SYSTÈME INFVNDIBVLIFORME* (en entonnoir)

Cône renversé, dentelé (Liseron).

Décor : SYSTÉME RAYONNANT ALTERNÉ.

*Je ne forge point un mot nouveau;
c'est le terme de Botanique
consacré

Soucoupe (XVIIIᵉ Sᵉ)

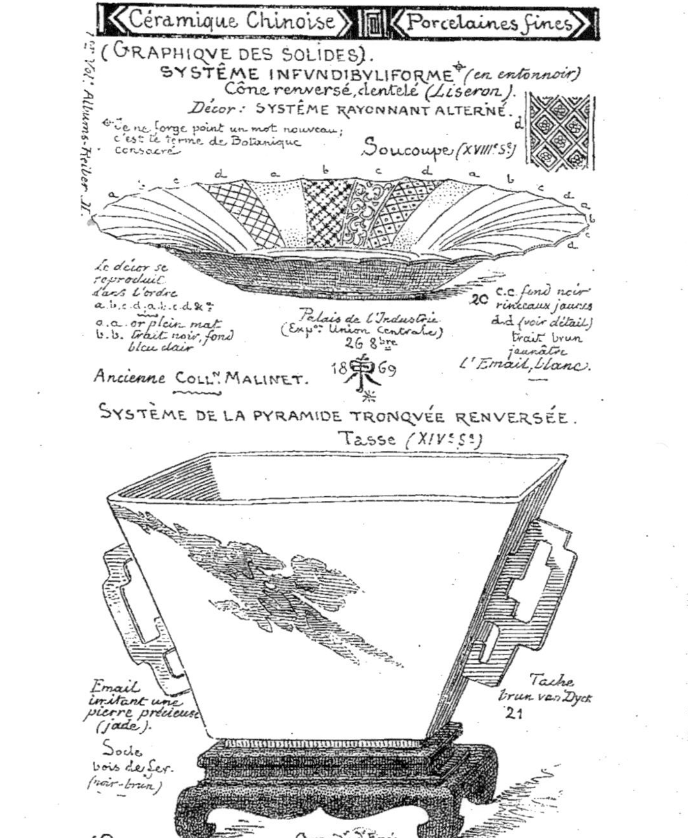

Le décor se
reproduit
dans l'ordre
a.b.c.d.a.b.c.d.&ᶜ
o.a. or plein mat
b.b. trait noir, fond
bleu clair

Palais de l'Industrie
(Expoⁿ Union Centrale)
26 8ᵇʳᵉ
18 ⊕ 69

20 c.c fond noir
rinceaux jaunes
d.d (voir détail)
trait brun
jaunâtre
L'Email, blanc.

Ancienne Collⁿ MALINET.

SYSTÈME DE LA PYRAMIDE TRONQVÉE RENVERSÉE.

Tasse (XIVᵉ Sᵉ)

Email
imitant une
pierre précieuse
(jade).

Socle
bois de fer
(noir-brun)

Tache
brun van Dyck
21

Grandᵉ d'Exéc.

9.

⟨Italie. XVᵉ Siècle⟩ ⟨Costumes⟩
Peintures de Benozzo Gozzoli
au Campo Santo de Pise
LES MÉDICIS.
Cosme Iᵉʳ de Médicis leur grand-père 1389+1464.
Angelo Poliziano leur précepteur +1494
Laurent 1448+1492
Julien +1478
les 3 bonnets brun rouge cheveux blonds.
tunique bleu moyen. manteau brun rouge clair
rouge pâle
vert d'eau clair
lie de vin
blanc
brun rouge
bleu clair
brun rouge
brun rouge
bleu clair
tunique gris de lin damas de soie ton sur ton.
tunique soie jaune d'or manche bleu clair
18 74
d'après un croquis de L. Lante.
22
(Costumes d'hiver.)

10

fig. 23 (A.)

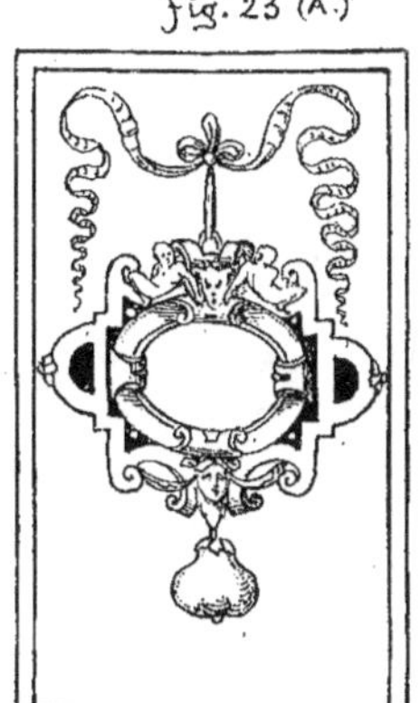

Diagrammes :

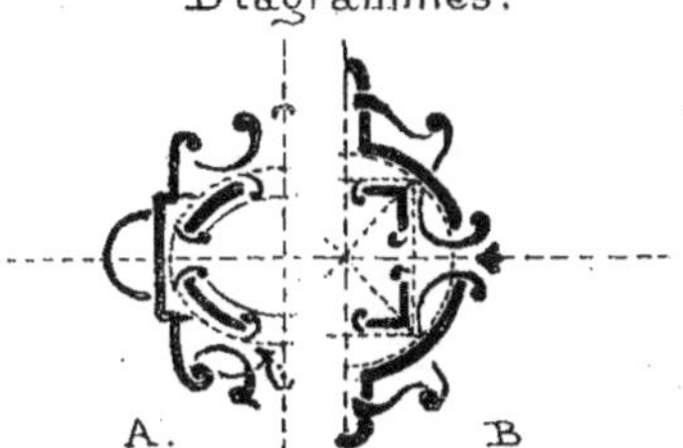

A.   B

fig. 24. (B)

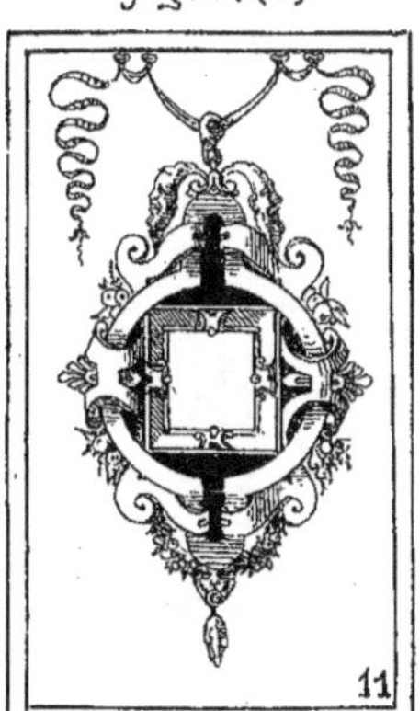

23. Médaillon ovale barlong, inscrit dans un
rectangle.
24. Carré inscrit dans un Cercle.

Les Ensembles de ces deux Pendeloques forment : Cartouche, dont les Axes sont étoffés de masques, agrafes & volutes, destinés
à rompre la sécheresse des grandes lignes
géométriques.   (A suivre).

11

France XVII.e S.
Enfants.
(Louis XIII).
par M.on Tavernier.
LIVRE
DE
Portraiture assemblée de
plusieurs bons autheurs pour
le seruice de la Ieunesse
de tous ars
25
d'après
Cherubino Alberti
12.

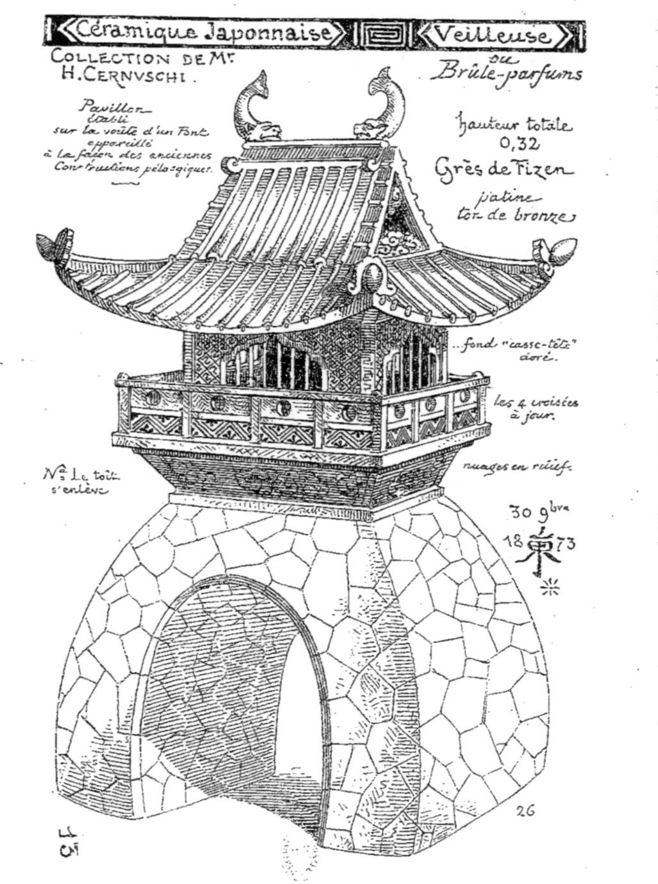

《Céramique Japonaise》 《Veilleuse》
COLLECTION DE Mr
H. CERNVSCHI.
ou
Brûle-parfums
Pavillon
établi
sur la voûte d'un Pont
appareillé
à la façon des anciennes
Constructions pélasgiques.
hauteur totale
0,32
Grès de Fizen
patine
ton de bronze
..fond "casse-tête"
doré.
les 4 croisées
à jour.
N: Le toit
s'enlève
nuages en relief.
30 9bre
18 73
26

Applications du Bambou.

La tige du Bambou, naturellement creuse, et divisée par des cloisons horizontales correspondant à chaque nœud, a été utilisée ici pour en faire un Vase à 3 compartiments superposés, au moyen de sections de divers ses formes opérées en a, b, c.

Les tiges flexibles des Chrysanthèmes ont été remaniées par art, afin d'obtenir un ensemble "conforme aux lois antiques".

Le Vase repose sur un disque de bois laqué destiné à lui donner du pied.

Le Dessin original appartient à la Bibliothèque du Musée-Reiber.

xbre 18 76

27.

Les Fleurs sont, parmi les peuples de l'Extrême-Orient, l'objet d'un véritable culte, et ils ont poussé jusqu'au raffinement l'Art gracieux de les disposer dans des Vases. La collection de Traités, de Méthodes qui l'enseignent, formerait une Bibliothèque de plusieurs centaines de volumes. (A suivre).

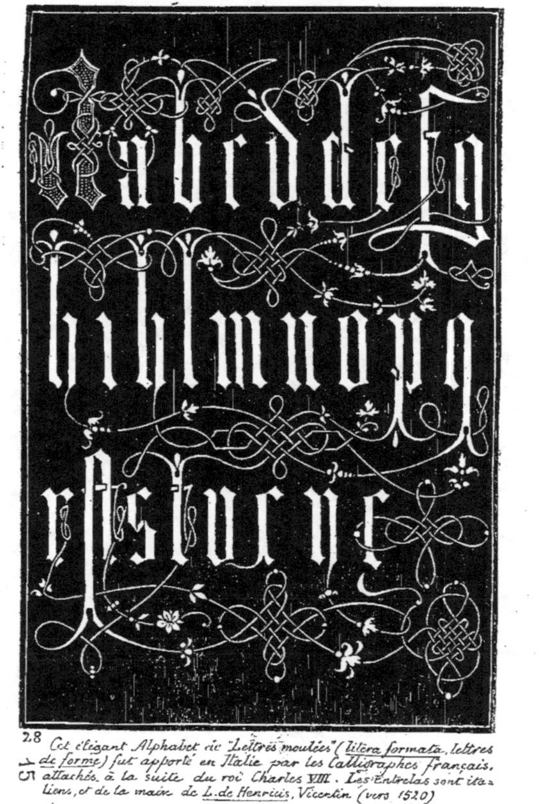

28

Cet élégant Alphabet de "Lettres moulées" (litera formata, lettres de forme) fut apporté en Italie par les Calligraphes français, attachés à la suite du roi Charles VIII. Les Entrelas sont italiens, et de la main de L. de Henricis, Vicentin (vers 1520)

du MUSÉE-REIBER (N°2).

Introduction
à la GRAPHIQUE PRIMAIRE
Base préliminaire de l'Enseignement du Dessin
Fondée sur le Mouvement des Lignes, et sur l'Observation de la Nature

Tout se tient dans la Nature. Le moindre brin d'herbe a sa géométrie, et dans l'Espace infini, des Astres qui nous seront à jamais inconnus, se meuvent régulièrement, depuis des millions de siècles, dans leurs orbes majestueux. Chaque plante a son port spécial; chaque fleur a des dispositions de corolles qui lui sont propres; toute créature vivante a son organisme, qui se traduit par des formes, des allures, des attitudes particulières; toute physionomie humaine a ses traits distinctifs; tout objet construit ou fabriqué par les mains de l'homme, porte les caractères de son usage ou de sa destination.

C'est une mystérieuse loi, celle de la "Combinaison des Lignes" qui donne ainsi à chaque forme de la nature son expression caractéristique; et c'est de l'étude de cette loi que procède l'Art charmant de peindre aux yeux, de tracer sur le papier, en des croquis légers, non seulement les apparences qui frappent notre esprit, mais encore les innombrables créations de notre Fantaisie.

L'observation et la comparaison des Formes de la nature suggère une série de Notions spéciales telles que: longueur, largeur, hauteur, grandeur, horizontalité, inclinaison, perpendicularité, espacement, parallélisme, division, répétition, proportion, symétrie, inflexion, courbure, entrelacement, rayonnement, &ᵃ. Cette simple énumération fait deviner le rôle important que joue la Ligne droite dans toutes ces diverses manifestations de la Matière, et fera comprendre: 1°) pourquoi elle doit servir de base et de point de départ à toute Méthode de Dessin, 2°) comment, en la soumettant à la loi naturelle du Mouvement, elle embrasse dans ses évolutions toutes les formes imaginables tant dans le domaine de la Graphique plane que dans celui de la Graphique des Solides.

Nota. Dans cette Méthode avant tout pratique, la pointe de l'outil qui trace (crayon, plume, pinceau, &ᵃ) est considérée comme un Point, qui, dans son mouvement, fournit constamment de la Matière colorante.

(A suivre). 16.

Système des Vases
à panse sphéroïde
et à col étroit.
Porcelaine blanche
à
décor bleu.
Vol. Albums - Raiber. III.
a
a
a. a. a.
flammes
a
Cerf et biches
sur le
pourtour
Exposition
de l'Art oriental
Palais de l'Industrie
18 69
(Union Centrale
des Beaux-Arts)
Hauteur
sous couvercle
0.23.
29
17.
Ancienne Collection Malinet.

(Vers 1530).   par Lucas de Leyde.

SYSTÈMES SYMÉTRIQVES AFFRONTES.   30

Diagrammes

A   Axe   B
(fig 30)   (fig. 31).

L'Élément à double courbure en Volute, qui forme l'Ossature
de ces deux Compositions, est une pure création du Génie grec.
On le trouve développé avec la plus grande variété sur les Vases
peints, dans les Frises sculptées des monuments antiques.
Le rôle important qu'il joue dans les Ornementations de
la Renaissance et de ses écoles me fait un devoir d'en entre-
prendre l'étude. — Mais je m'aperçois que cette "pièce noble"
de l'Art Décoratif, qui est encore de nos jours d'un emploi
courant, n'a pas même été honorée d'un nom de baptème.
Faut-il lui restituer son ancien nom grec de Campyle (καμπυλος,
courbe) ou l'appeler du nom latin d'anti-spire?   (A suivre).

18

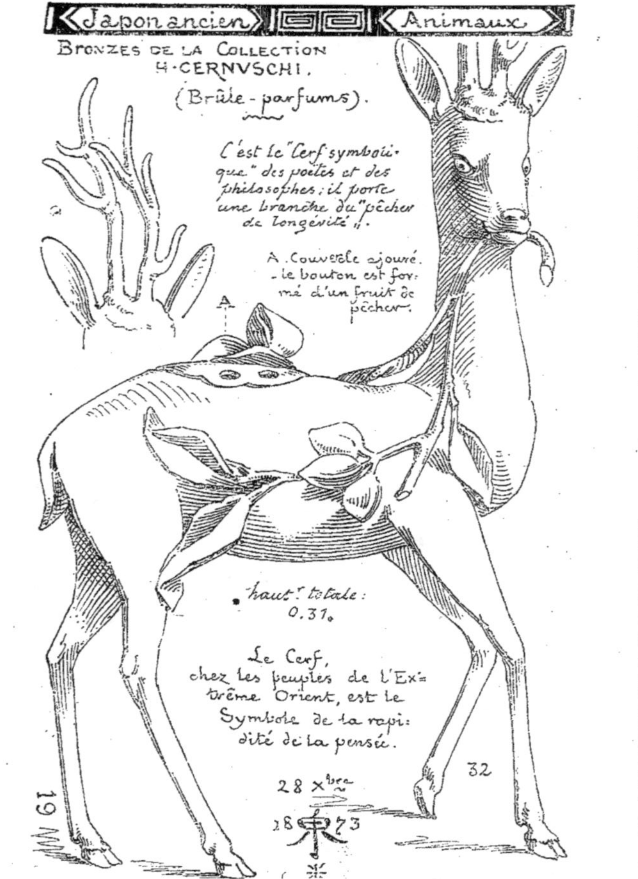
Japon ancien
Animaux
Bronzes de la Collection
H·CERNVSCHI.
(Brûle-parfums).
C'est le "Cerf symboli-
que" des poètes et des
philosophes ; il porte
une branche du "pêcher
de longévité ".
A. Couvercle ajouré
- le bouton est for-
mé d'un fruit de
pêcher.
A
haut. totale:
0.31.
Le Cerf,
chez les peuples de l'Ex-
trême Orient, est le
Symbole de la rapi-
dité de la pensée.
28 Xbre
18 73
32
19

du MUSÉE-REIBER.
N.º 3..

Première Partie.

GRAPHIQVE PLANE.

MOUVEMENT DV POINT · LA LIGNE DROITE

Diagrammes
ou Notations
graphiques.

Nota.—Pour le Commençant, le **Plan** est le carré de papier sur lequel il travaille; l'<u>ho-rizontale</u>, une parallèle à la marge inférieure; la <u>verticale</u>, une parallèle à la marge de droite.

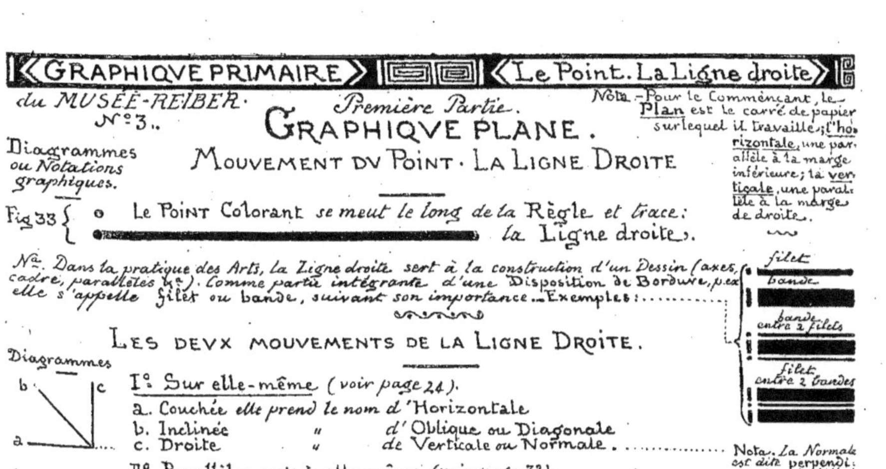

Fig 33 { o Le POINT Colorant se meut le long de la Règle et trace :
la Ligne droite.

N.ª. Dans la pratique des Arts, La Ligne droite sert à la construction d'un Dessin (axes, cadre, parallèles &.ª). Comme partie intégrante d'une Disposition de Bordure, p.ex elle s'appelle filet ou bande, suivant son importance...Exemples :............

LES DEVX MOUVEMENTS DE LA LIGNE DROITE.

I.º Sur elle-même (voir page 24).
a. Couchée elle prend le nom d'Horizontale
b. Inclinée „ d'Oblique ou Diagonale
c. Droite „ de Verticale ou Normale...............

II.º Parallèlement à elle-même (voir page 72).
Génération des SYSTÈMES PARALLÈLES.

Diagrammes
b c
a
d
e.

Ces Systèmes fournissent à nos Arts usuels (et ont fourni aux Arts du Passé) une innombrable quantité de Dispositions en : Rayures, Diagonales, Bandes. Galons, Bordures &.ª (Étoffes & Papiers peints &.ª).

Nota. La Normale est dite perpendiculaire à l'Horizontale.

20

La touffe supérieure
des cheveux est retenue
par un Oiseau de Fô, en
orfèvrerie.
(Jamais les Dames japo=
naises n'ont
porté de pen=
dants d'o=
reilles).

Statuette (Jeune fille)
formant
Brûle-Parfum.

BRONZE.

Patine brun-vert.

Elle tient
une branche
de
fruits de pêcher
(longévité)

3 Janvier   34
18東74

COLLECTION
H·CERNVSCHI.

TYPE GOURDE. TYPE BAMBOU

Collection
H. CERNVSCHI.

22.

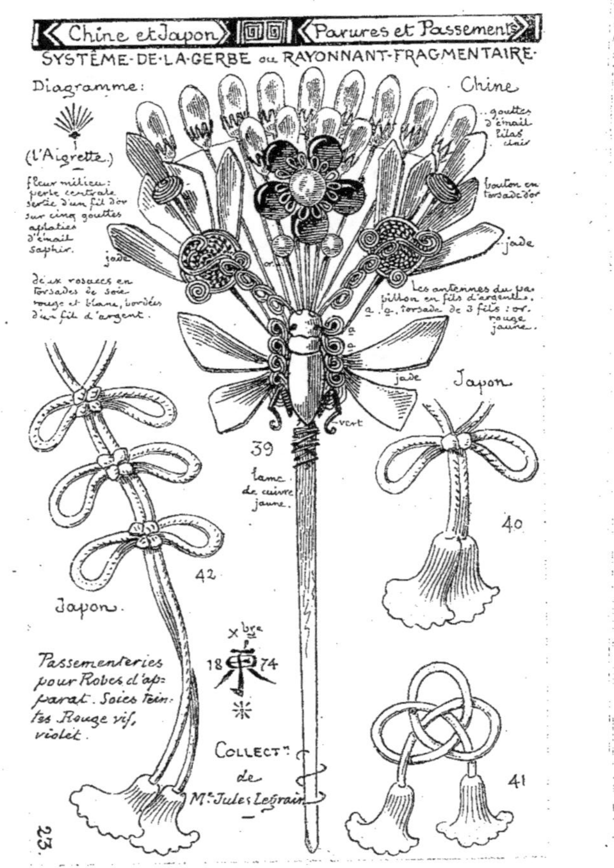

Chine et Japon
Parures et Passements
SYSTÈME·DE·LA·GERBE ou RAYONNANT·FRAGMENTAIRE·
Diagramme :
Chine
(l'Aigrette.)
gouttes d'émail lilas clair
bouton en torsade d'or
fleur milieu : perle centrale sertie d'un fil d'or sur cinq gouttes aplaties d'émail saphir.
jade
jade
deux rosaces en torsades de soie rouge et blanc, bordées d'un fil d'argent.
Les antennes du papillon en fils d'argent. a . g . torsade de 3 fils : or. rouge jaune.
jade
Japon
vert
39
lame de cuivre jaune.
42
40
Japon.
Passementeries pour Robes d'apparat. Soies teintes Rouge vif, violet.
Xbre 1874
COLLECTᵒⁿ de Mᵉ Jules Legrain
41
23.

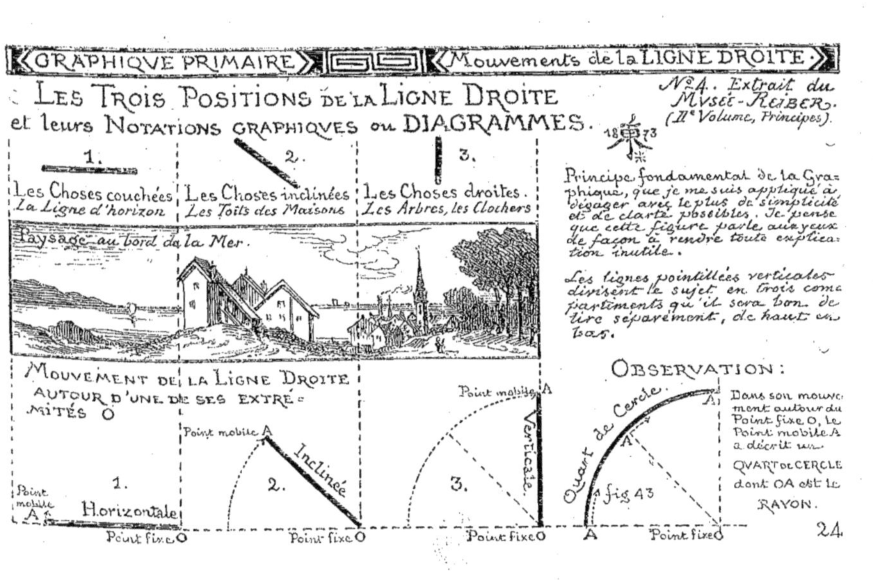

GRAPHIQVE PRIMAIRE
Mouvements de la LIGNE DROITE
LES TROIS POSITIONS DE LA LIGNE DROITE
et leurs NOTATIONS GRAPHIQVES ou DIAGRAMMES.
1873
Nº 4. Extrait du MVSÉE-REIBER.
(IIᵉ Volume, Principes).
1.
Les Choses couchées
La Ligne d'horizon
2.
Les Choses inclinées
Les Toits des Maisons
3.
Les Choses droites.
Les Arbres, les Clochers
Paysage au bord de la Mer.
Principe fondamental de la Graphique, que je me suis appliqué à dégager avec le plus de simplicité et de clarté possibles. Je pense que cette figure parle aux yeux de façon à rendre toute explication inutile.

Les lignes pointillées verticales divisent le sujet en trois compartiments qu'il sera bon de lire séparément, de haut en bas.

OBSERVATION :
MOUVEMENT DE LA LIGNE DROITE AUTOUR D'UNE DE SES EXTRÉMITÉS O
Point mobile A
Inclinée
Point mobile A
Verticale
Point mobile A
Quart de Cercle.
fig 43
Point mobile A
Dans son mouvement autour du Point fixe O, le Point mobile A a décrit un QVART DE CERCLE dont OA est le RAYON.
Point mobile A
1.
Horizontale
2.
3.
3.
Point fixe O
Point fixe O
Point fixe O
A
Point fixe O
24

de la Bibliothèque du Musée-Reiber.

Fig 44. Bol à poucettes (anses plates ou oreilles sur lesquelles s'applique le pouce quand on tient la tasse des deux mains);—45. Coffret à couvercle échancré sur le long côté.—46 Bol ovoïde à couvercle (décor oiseau de proie) en laque rouge.—47, 48. Boîtes à médicaments; les comparti-ments s'enfilent sur un cordon de soie a..b passant par les tubes c.

Par les Diagrammes A & B, la Lecture de deux ornements, en apparence si compliqués, devient: on ne peut plus simple. - 49. A Sur une Ligne Serpentine (voy. p. 59) brisée, enroulements sur les entr'axes M de Spirales opposées. - 50. B. Idem. point de départ sur l'Axe en a, suivant a, a', b. b', c. d &c. La caractère spécial de ce genre d'ornementation, c'est l'égalité des intervalles.

Ecole flamande. fin du XVIe S°
Figures décoratives
Enfant's.
51
Bibliothèque du Musée-Reiber.
L'un des Groupes d'Enfants
formant Apothéoses dans la Suite.
des trois pièces : "La Foi, L'Espérance
la Charité". Composit. & grav. de Hubert Goltzius
27

Vieux Japon.-Laques
Fleurs
AZALÉES
COIGNASSIER
JONQVILLES
LYS MARTAGON
Collection
du
Musée-Reiber
52.
28

ETVDES
SVR LA DISTRIBVTION
DES SVRFACES.

Le genre de Décor dit "à compartiments", qui remonte aux temps de l'ancienne Rome, et dont de nombreux vestiges nous ont été, soit conservés dans les peintures et pavages en mosaïque des Thermes et Tombeaux antiques, soit plus récemment retrouvés à Herculanum et Pompéi, fut repris par les artistes des XVᵉ et XVIᵉ Siècles (Raphaël, Jules Romains) qui le développèrent largement dans la décoration des palais d'Italie.

Les Flamands, par la combinaison d'éléments droits, brisés, avec des éléments courbes terminés par des volutes, donnèrent un cachet spécial à ce mode de Distribution des Surfaces. Depuis le simple Cartouche, jusqu'au Panneau décoratif, les intervalles que laissent les divisions principales sont animés de sujets variés (oiseaux, insectes, animaux, personnages).

Dans ces sortes de dispositions irrégulières, la grande difficulté consiste à relier les bandes horizontales haut et bas, avec les bandes verticales; en un mot de trouver un bon "Motif d'Angle".

(Bibliothèque du Musée-Reiber).

53

Axe

29.

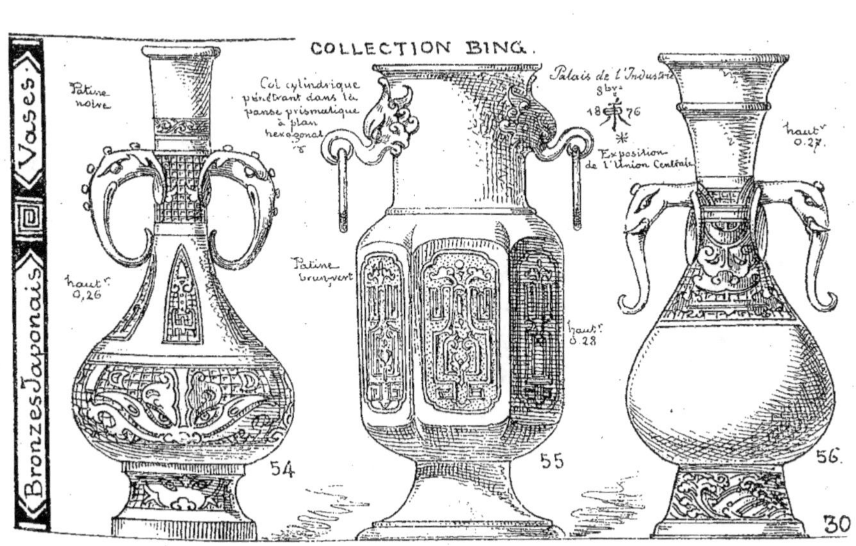

COLLECTION BING.
Vases
Bronzes Japonais
Patine noire
haut. 0,26
54
Col cylindrique pénétrant dans la panse prismatique à plan hexagonal
Patine brun-vert
haut. 0.28
55
Palais de l'Industrie 8bre 1876
Exposition de l'Union Centrale
haut. 0,27.
56.
30

CROQVIS JAPONAIS
Oiseaux
COQS , POULE , BAMBOUS.
Etude au Pinceau.
Réduit aux 2/3 de l'original
57
58
Biblioth. du Musée-Reiber.
31

SYSTÈME QVADRANGVLAIRE ORTHOGONAL. (Voyez p. 85)

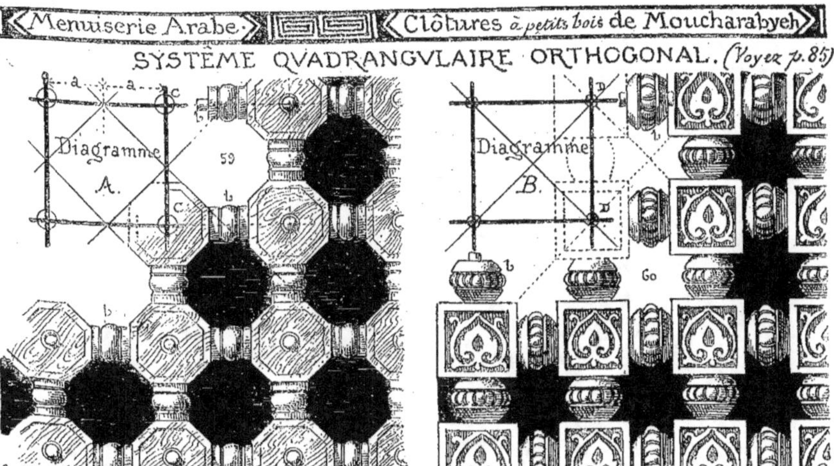

Les Moucharabyeh du Caire sont des sortes de guérites en bois, à claire-voie, saillantes, dont on garnit les ouvertures des Étages supérieurs des maisons. Leurs grillages sont composés de petits bois (cubes ou prismes C. D) reliés par des éléments tournés b,b, d'un dessin et d'une disposition très-variés. (A suivre)

du MVSÉE-REIBER
(N° 5).

Comme nous l'avons fait du _Point_, envisa-
geons à son tour la _Ligne droite_ sous l'apparence matérielle d'une tige flexible ou défor-
mable (un jonc, un fil de métal, une bande
étroite de papier assez fort pour garder sa rigidité).— Si nous plions une telle bande ainsi:
MW, par voie de "superposition de longueurs",
nous remarquons: 1° que nous avons _divisé_
notre _Droite_ en une série de longueurs éga-
les ; 2° qu'en alignant notre Brisure entre
deux Règles parallèles AA'.BB', _(fig. 62)_ les _sommets_
sont à égale distance a.a.a les uns des autres,
3° qu'en traçant les _axes_ verticaux passant
par chaque sommet, on forme une série de rect-
angles dont nos _éléments de brisure sont les_
Diagonales opposées.

Tracé graphique de la Ligne brisée
régulière continue, base de l'Ornementation
en redents, chevrons, dents de scie, lambrequins
&., ⁊) — Fixez d'abord (fig. 61) la longueur et
l'inclinaison de l'_élément diagonal_. Por-
tez la _longueur de base_ ℓ en a.a.a sur BB'.
Élevez les verticales b.b.b et tracez BCDEB'.
N° ⁊ Excellent exercice pour le _Tracé à main_
levée.

1ᵉʳ Vol. Albums-Reiber. V.

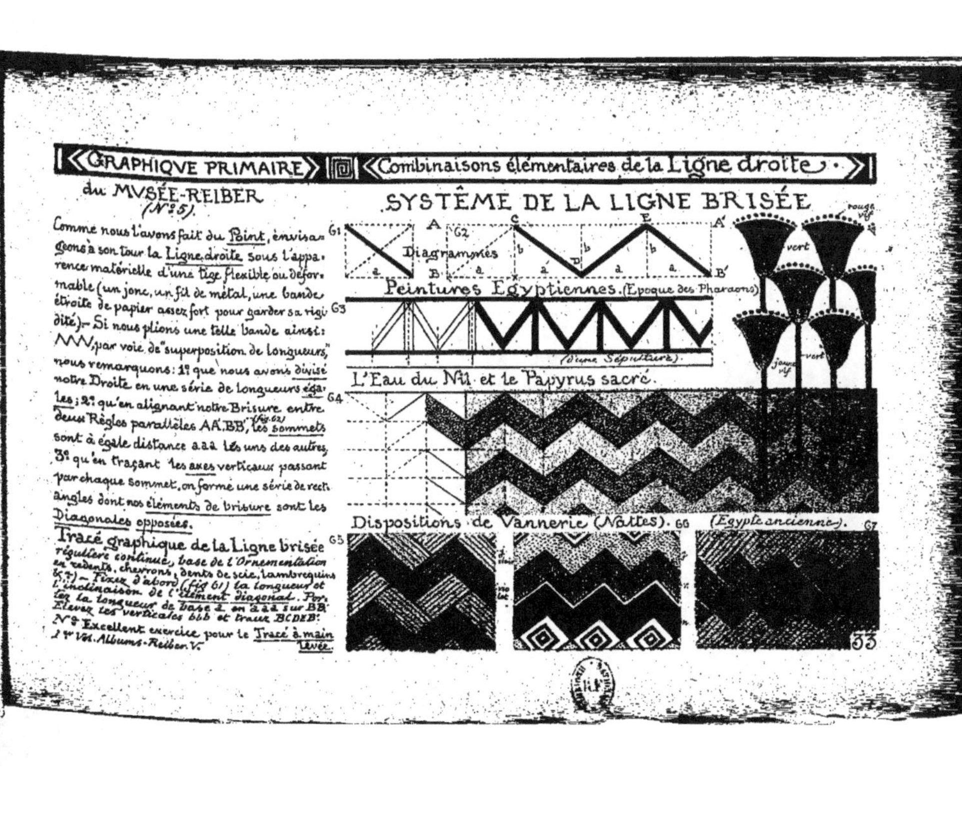

Le Cerf symbolique !
(Voy. p. 19).

L'Étude
des Choses augustes
ressemble à un Monument
auquel l'Humanité travaille
et travaillera sans désemparer
jusqu'à la consommation des siècles.

(Chine). Lao-Tseu (VII.ᵉ S.ᵉ Av.J.Ch.)

Collection:
H. Cernuschi

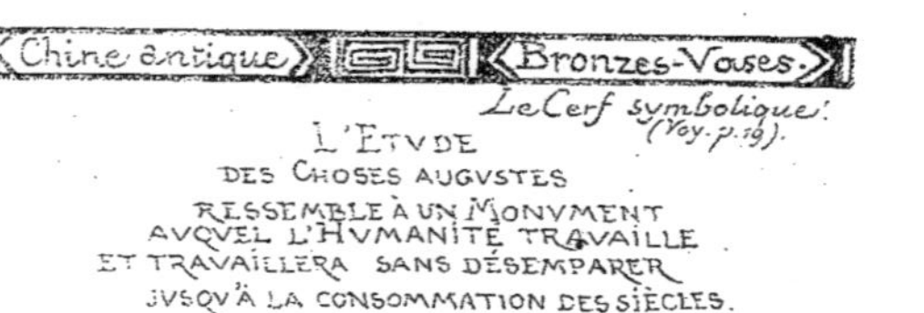

À la conservation du Vase de la Science la Pensée humaine veille sans cesse. — Constamment il se remplit pour le bonheur de l'Humanité.

Honorez les Hommes de Science, les grands Bienfaiteurs (de l'humanité)

Les Empires s'écroulent, les Religions se transforment : mais les Œuvres des Maîtres sont immortelles.

(Commentaire de Thseng-Tseu)

Diagramme :

(des Monuments du Caire).

35

IMAGERIE JAPONAISE
Costumes
Biblioth. du Musée - Reiber.
Les deux bouffettes en crêpe de soie rouge.
Le chapeau en laque
noir, à l'épreuve de
la pluie.
La cornette en
crêpe de soie, bleu
turquoise, à ailerons,
à la mode des
femmes bre-
tonnes.
Les cordons en crêpe
rouge.
La main est recou-
verte par la manche.
La robe de dessous
en crêpe de soie rou-
ge vif à semis de
chrysanthèmes -
blancs, cœurs tur-
quoise.
(feuillages verts)
Deux ceintu-
res - crêpe rou-
ge & velours
noir.
La robe du des-
sus flottante:
violet-bleu mo-
yen; bordure vio-
let fon-
cé.
Les pieds sont nus,
les inté- rieurs des ha-
bitations sont couverts
en nattes.
On lais- se les chaussu-
res à l'entrée.
18 東 76
米
36
7°

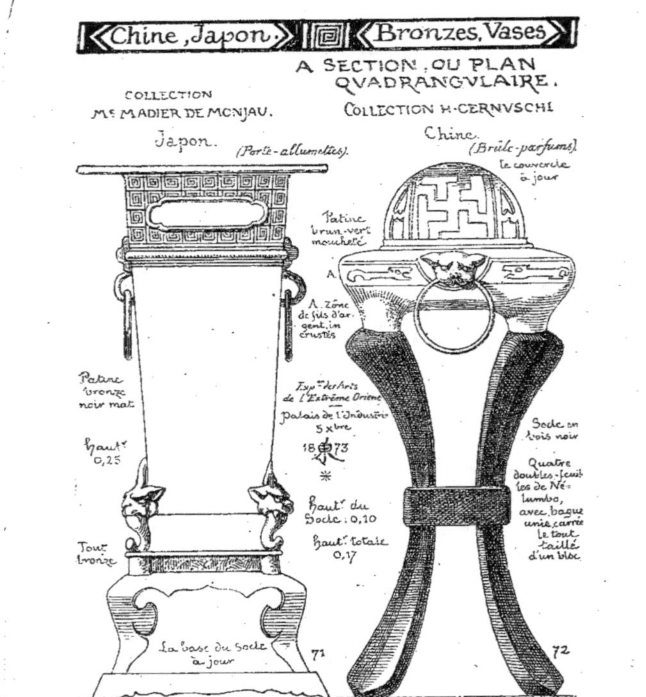

《Chine, Japon.》 《Bronzes, Vases》

A SECTION, OU PLAN
QVADRANGVLAIRE.

COLLECTION
Mr MADIER DE MONJAU.

COLLECTION H. CERNVSCHI

Japon. (Porte-allumettes).

Chine. (Brûle-parfums)
le couvercle à jour

Patine brun-vert moucheté

A

A. Zône de fils d'argent incrustés

Patine bronze noir mat

Haut: 0,25

Tout bronze

Exp.on des Arts de l'Extrême Orient
Palais de l'Industrie
5 Xbre
1873

Haut: du Socle: 0,10

Haut.e totale 0,17

La base du Socle à jour

71

Socle en bois noir

Quatre doubles-feuilles de Nélumbo, avec bague unie carrée, le tout taillé d'un bloc.

72

Couvercle développé (La Croix boudhique) (voir p. 2.)

fig. 71. Cornet à large bord (Système de la Pyramide quadrangulaire renversée, voir p.e 9, fig 21), supporté par quatre mascarons dont les langues s'allongent et s'arrondissent comme des trompes d'éléphant — Ce type pourrait servir pour créer d'autres Vases quadrangulaires, cette forme n'ayant pas reçu en Europe, le développement dont elle est susceptible.

37

73

ETVDES SVR LA DISTRIBVTION DES SVRFACES,
ET SVR LES ENTRELACEMENTS D'ÉLÉMENTS DROITS&COURBES.

Plat (Recto) d'un Erasme (Concionator) de Bâle. Ce beau spécimen des reliures du célèbre amateur Jean Grolier se trouve en ce moment à la librairie de T·O·Weigel à Leipzig. — haut: 0.34; larg: 0.25. (in f°).

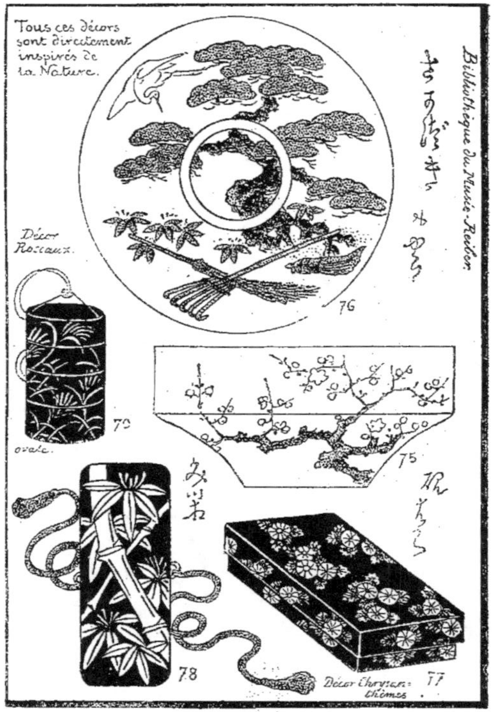

Fig 75. Bol ou boîte circulaire (décor coignassier en fleurs) dont fig 76 (décor pin, grue, rateau & balai) est le couvercle. La boîte longue (décor bambou) (fig 78) sert au Japon pour porter les lettres. Nos Dames les utilisent comme boîtes à gants. — Fig 79. Nécessaire de médecin homéopathe. Au Japon on ne paie le médecin que tant qu'on est bien portant.

Développements primitifs du SYSTÈME DE LA LIGNE BRISÉE.

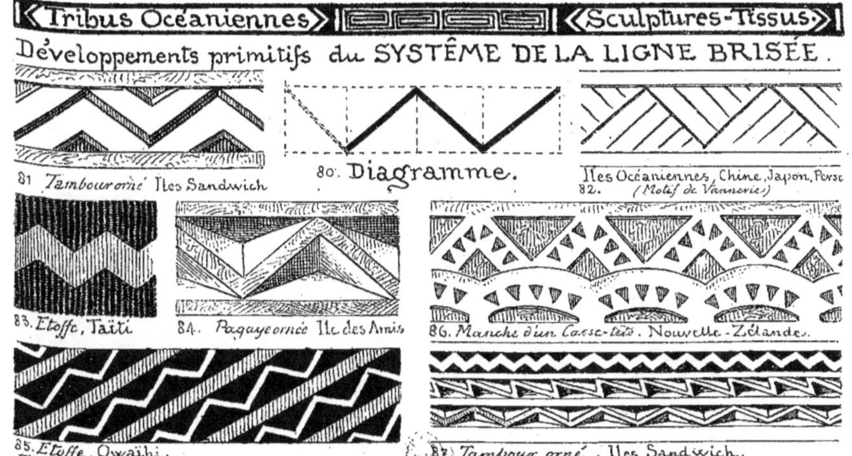

Fig. 81. Sculpture à trois plans renfoncés. – 83. la Brisure en brun rouge sur fond bistré foncé. – 84 Sculpture à pointes de diamant entaillées. – 85. les Rayures obliques (Système des Droites parallèles, voir p 72) en brun rouge, brisures jaune vif, fond noir. – 86. Ornements cunéiformes, brun rouge. 40.

Pendant tout le Moyen-Age jusque vers le milieu du XVIᵉ Siècle, les Animaux rares ou fabuleux tels que le Pélican, la Licorne ou Unicorne, l'Eléphant ou Oriflant, le Dragon ailé, le Griffon, le Basilic &ᶜᵃ étaient de préférence employés comme Enseignes par les débitants de marchandises exotiques ou nouvelles. Il n'est donc pas étonnant de voir les Libraires de cette époque, qui avait imprimé un si fort mouvement aux idées, rivaliser comme originalité avec les autres marchands dans le choix de leurs Marques pour le débit de leurs nouveautés.

fig 88. Marque de Geoffroy de Marnef tirée de son Pline le Jeune, gᵈ in 4° Paris 1513.

GVILLELMVS Boulle excudebat Luⁱ gduni.

1 5 4 2

89

41

fig 89. Marque du Typographe lyonnais Guille Boulle, tirée de sa jolie Bible in 8° à figures. (Biblioth. du Musée-Reiber). 1ᵉʳ Vol. Albums-Reiber. VI.

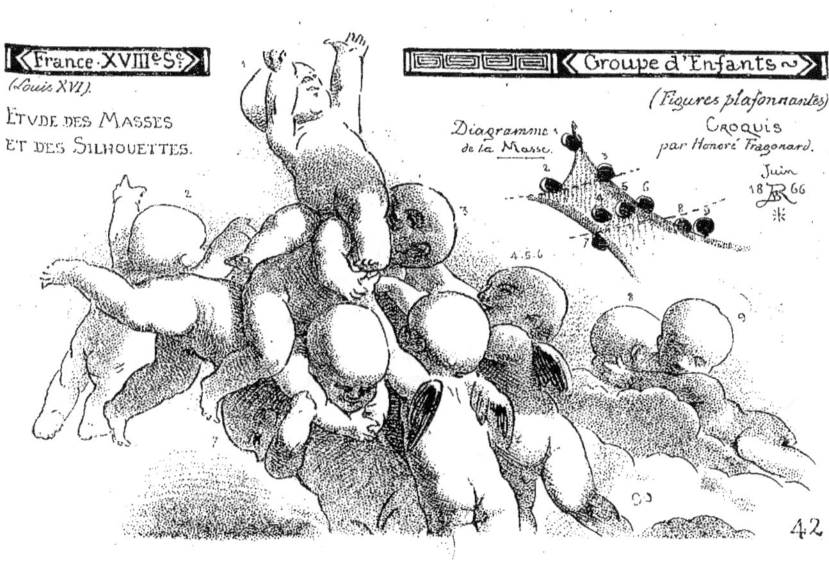

France · XVIIIᵉ Sⁱ
(Louis XVI).
ETVDE DES MASSES
ET DES SILHOUETTES.
Groupe d'Enfants
(Figures plafonnantes)
CROQUIS
par Honoré Fragonard.
Diagramme
de la Masse.
Juin
18 66
42

Diagramme :

SYSTÈME QUADRANGULAIRE DIAGONAL.

—(Voir p. 89).

Fig 91 & 92 sont deux Étoffes de Ceinture.
Fig 91. Brocart d'or, (Ceinture de Cérémonie) avec
semis irrégulier de nuages
se détachant en clair sur
un fond plus sombre ouvré
de diagonales croisées, circonscrivant trois losanges
inscrits l'un à l'autre.
Tout le dessin de fond est
exprimé par un lamé d'or
vert. Les contours des nuages en broché de soie, violet foncé.
Fig 92. Damier diagonal
de velours noir sur poult
de soie gris foncé, avec
semis régulier de rosaces
ou médaillons polylobes
circonscrivant d'autres
rosaces violet foncé, du
Système octogonal rayonnant.

91.

92.

43.

Anc.ᵉ Collection
MALINET.

à Décor d'É=
maux translu=
cides.

93

Émail
blanc, de l'as:
pièce 上白 Chang-pe
littéralement · blanc supérieur.

Diamètre:
0,225.

Trait noir fin au pinceau ; les masses des fleurs (roses et lys martae=
gon) en blanc en relief, modelé de carmin léger dans les
intérieurs Aux extrémités des plumes de la queue des oiseaux.
une goutte d'émail blanc en relief Rinceaux du marli, or ...

44

Cartes à jouer peintes
de l'ancienne
Collection Lecarpentier

Ce Jeu, évidemment exécuté pour quelque grand personnage du temps par un "Imagier" habile, est malheureusement incomplet.
Dans les "figures" il y a bien les quatre Rois et les quatre Valets ; mais la Dame de Cœur manque. Des autres, si curieuses au point de vue de l'ornementation, il ne reste plus que le Huit de Pique, le Sept de Carreau, et le Cinq de Trèfle.

Les "calques" que j'en avais faits, grâce à l'obligeance du possesseur, après avoir été fortement endommagés lors des incendies de Mai 71, ont pu être heureusement complétés à l'aide de l'excellent ouvrage de M.ʳ Merlin : "Origine des Cartes à jouer Tarots", &ᵃ, Paris, 1869. in 4.º

94   95   45

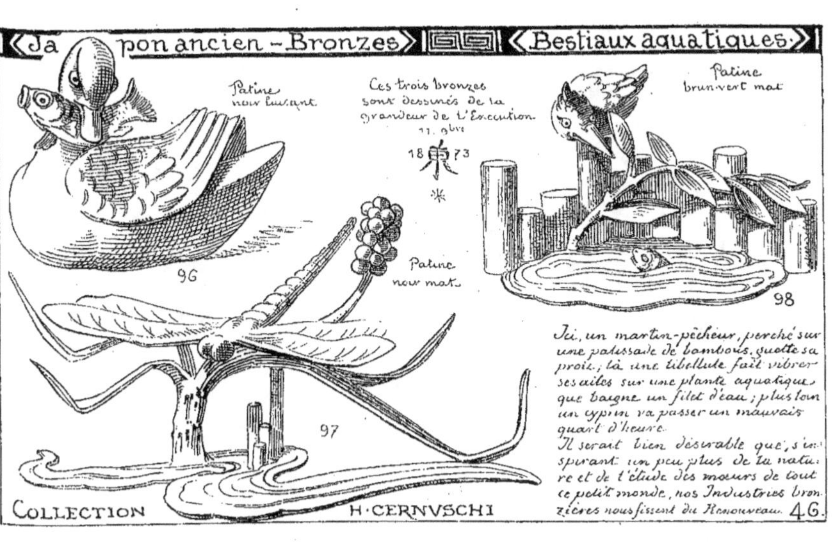

«Ja pon ancien - Bronzes» «Bestiaux aquatiques.»
Patine noir luisant.
Ces trois bronzes sont dessinés de la grandeur de l'Exécution. 11. 9bre 18東73
Patine brun-vert mat
Patine noir mat.
96
97
98
Ici, un martin-pêcheur, perché sur une palissade de bambous, guette sa proie; là une libellule fait vibrer ses ailes sur une plante aquatique que baigne un filet d'eau; plus loin un cyprin va passer un mauvais quart d'heure.
Il serait bien désirable que, s'inspirant un peu plus de la nature et de l'étude des mœurs de tout ce petit monde, nos Industries bronzières nous fissent du Renouveau. 46
COLLECTION H·CERNVSCHI

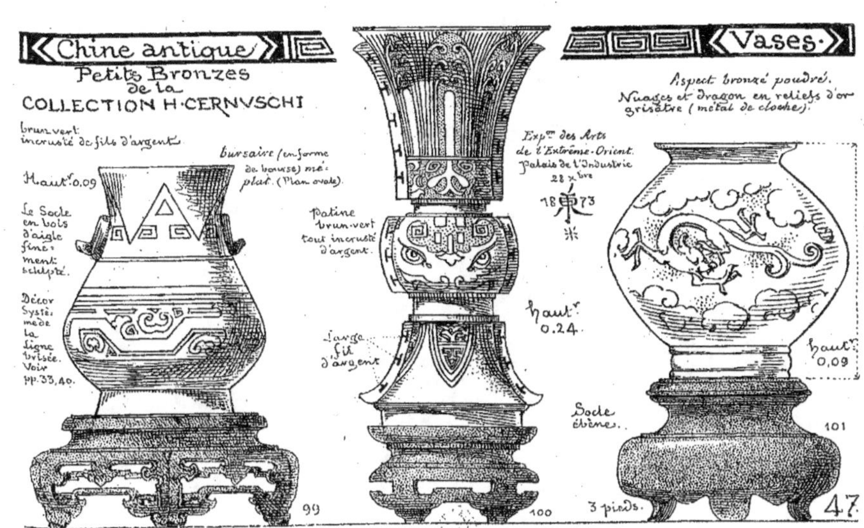

《Chine antique》
Petits Bronzes
de la
COLLECTION H·CERNVSCHI

《Vases·》

brun-vert
incrusté de fils d'argent.

Haut. 0.09

Le Socle
en bois
d'aigle
fine:
ment
sculpté.

Décor
Systé:
me de
la
Ligne
brisée.
Voir
pp. 33, 40.

bursaire (en forme
de bourse) mé:
plat. (Plan ovale).

Patine
brun-vert
tout incrusté
d'argent.

Large
fil
d'argent

Expⁿ des Arts
de l'Extrême-Orient.
Palais de l'Industrie
28 xbre
18 73

haut.
0.24

Socle
ébène.

3 pieds.

Aspect bronzé poudré.
Nuages et dragon en reliefs d'or
grisâtre (métal de cloche).

haut.
0,09

99
100
101
47

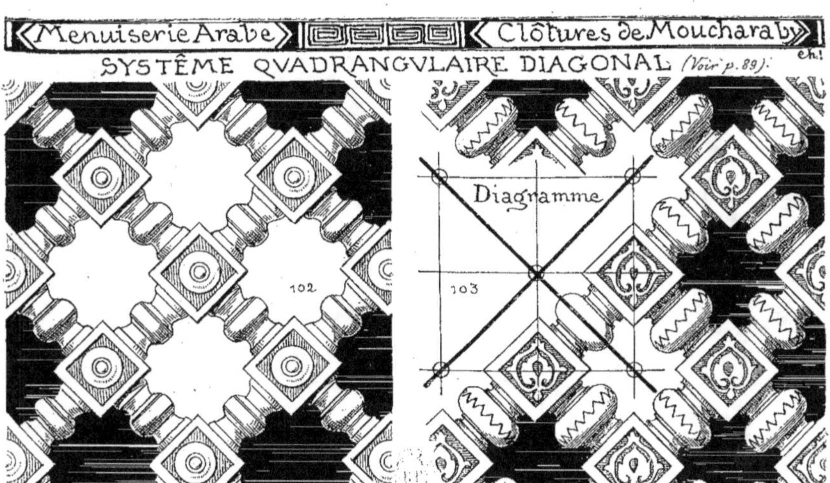

Les Clôtures sont généralement d'un dessin très-serré, afin de protéger contre le soleil et la chaleur, tout en permettant le renouvellement de l'air. — Les petits cubes ne mesurent guères plus de 4 à 5 centimètres de côté. L'assemblage est à "tenons et mortaises", à sec, ce sont les pièces tournées qui portent les tenons (voir fig. 59. 5).

(des Monuments du Caire). SYSTÈME DE LA LIGNE SERPENTINE (Voy. p. 59).

Disposition, clairement écrite "en lambrequin", à sommets alternants haut et bas. Joignez les sommets BBB et vous reconnaîtrez que la composition n'est qu'un développement de la Ligne brisée (p. 33) au moyen d'éléments courbes. La Clef de tout le dessin est la courbe SOS passant par le milieu O de chaque élément droit BB.

1er Vol. Albums-Reiber. VII.

49

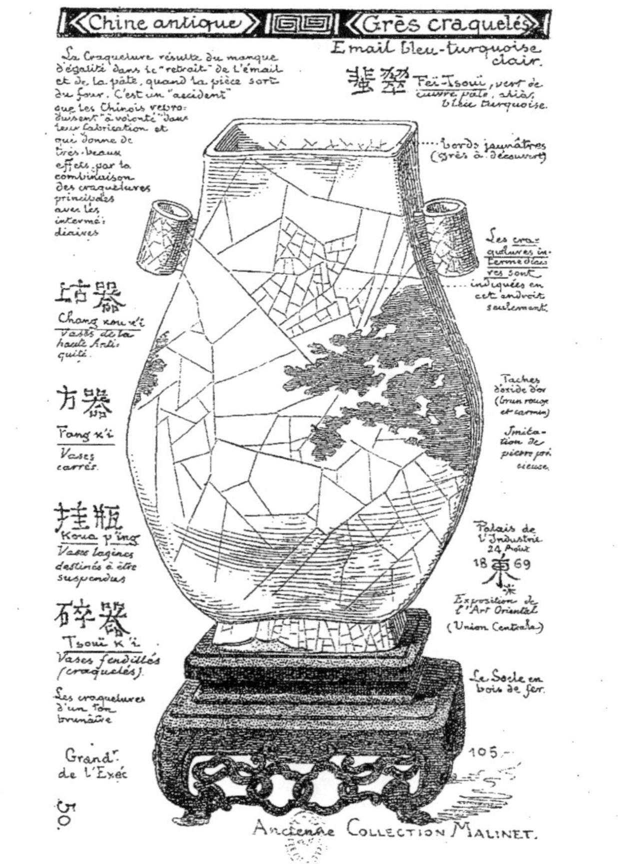
«Chine antique» «Grès craquelés»
Email bleu-turquoise clair.
La Craquelure résulte du manque d'égalité dans le "retrait" de l'émail et de la pâte, quand la pièce sort du four. C'est un "accident" que les Chinois repro-duisent "à volonté" dans leur fabrication et qui donne de très-beaux effets par la combinaison des craquelures principales avec les interme-diaires.
Fèi-Tsouï, vert de cuivre pâle, alias, bleu turquoise.
Bords jaunâtres (grès à découvert)
Les cra-quelures in-terme-diai-res sont indiquées en cet endroit seulement.
Chang koou k'i Vases de la haute Anti-quité.
Fang k'i Vases carrés.
Koua p'ing Vases lagènes destinés à être suspendus.
Tsouï K'i Vases fendillés (craquelés).
Les craquelures d'un ton brunâtre.
Taches d'oxide d'or (brun rouge et carmin)
Imita-tion de pierre pré-cieuse.
Palais de l'Industrie 24 Août 18 69
Exposition de l'Art Oriental (Union Centrale)
Le Socle en bois de fer.
Grand. de l'Exéc
105.
Ancienne Collection Malinet.
50.

Croquis Japonais
Plante potagère

Etude au pinceau
réduite
à moitié de l'original.
106
'8 73
Biblioth. du Musée-Reiber.
51

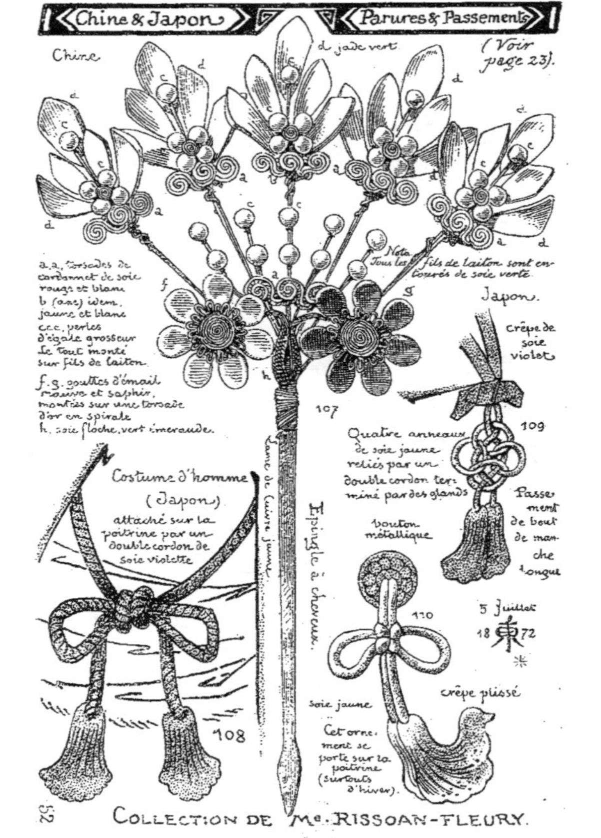

Chine & Japon
Parures & Passements
Chine
d. jade vert
(Voir page 23).
Nota. Tous les fils de laiton sont entourés de soie verte
Japon.
a.a. torsades de cordonnet de soie rouge et blanc
b (axe) idem. jaune et blanc
c.c.c. perles d'égale grosseur
Le tout monté sur fils de laiton.
f. g. gouttes d'émail mauve et saphir, montées sur une torsade d'or en spirale
h. soie floche vert émeraude.
107
crêpe de soie violet
Quatre anneaux de soie jaune reliés par un double cordon terminé par des glands
109
Passement de bout de manche longue
bouton métallique
Costume d'homme (Japon)
attaché sur la poitrine par un double cordon de soie violette
108
Lame de cuivre jaune.
Épingle à cheveux.
110
soie jaune
Cet ornement se porte sur la poitrine (surtouts d'hiver).
crêpe plissé
5 Juillet 1872
東 米
52
COLLECTION DE Me RISSOAN-FLEURY.

Panneau central (à ½ de l'Exéc.) du Recto d'un "pur Chef d'œuvre" dont la remarquable exécution rappelle les ouvrages des Coffretiers de l'École de Nuremberg. La composition est tracée au canif sur le cuir (veau) et relevée au poinçon, et autres petits outils. Les fonds sont vaissés au martelet au moyen du "perloir". — Encore une industrie perdue, et qu'il serait si facile de faire revivre !

L'original est entre les mains de T. O. Weigel, libraire à Leipzig qui s'en déferait à un bon prix, je suppose. — Avis aux amateurs.
Mais pourquoi donc n'avons-nous pas à Paris un "Musée des Reliures?"

《Étoffes Japonaises》 《Type Bambou》

SYSTÊME DES DROITES PARALLÈLES (Rayures)

Diagramme:

(Voir à la page 72, l'exposé de la génération de ce Système).

Disposition irrégulière des éléments géométriques, qui donne du charme et du "laisser-aller" à la composition. Les tiges, d'épaisseurs différentes, sont inégalement espacées, et leur rigidité rompue par un semis irrégulier de rosaces variées

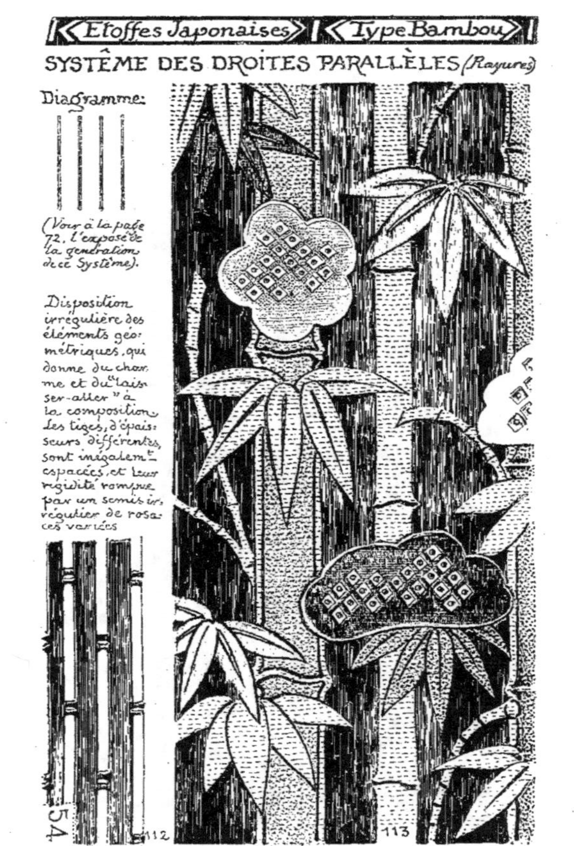

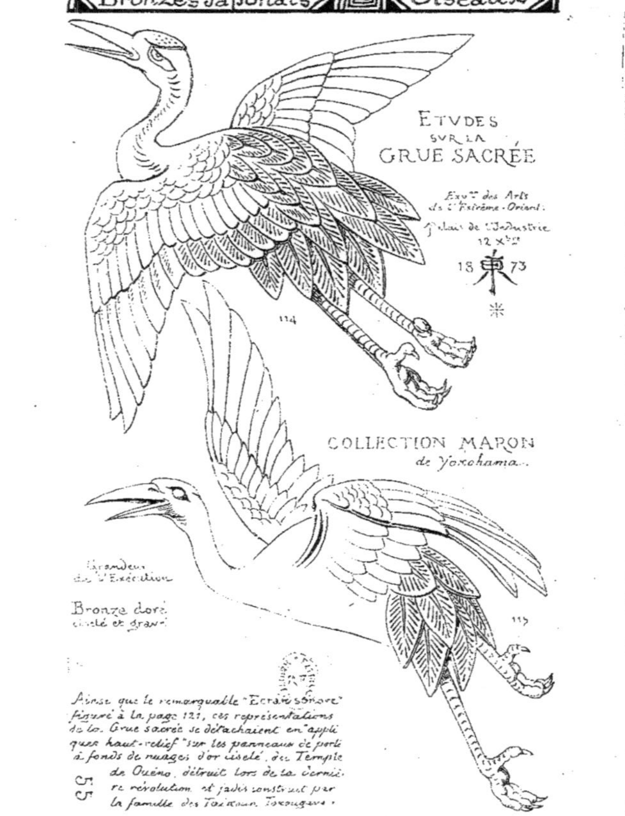

ETVDES
SVR LA
GRUE SACRÉE

Exut des Arts
de l'Extrême-Orient:
Palais de l'Industrie
12 xbre
18 東 73
米

114

COLLECTION MARON
de Yokohama

Grandeur
de l'Exécution

Bronze doré
ciselé et gravé

115

Ainsi que le remarquable "Ecran sonore"
figuré à la page 121, ces représentations
de la Grue sacrée se détachaient en "appli-
ques haut-relief" sur les panneaux de porte
à fonds de nuages d'or ciselé, du Temple
de Ouéno, détruit lors de la dernière révolution, et jadis construit par
la famille des Taïkoun Tokougava.

55

Alsace. Comm^t du XVIe S^e.   Frontispice xylographique
(La Libre-Pensée en l'an 1508).   (Lettres de Forme)

Ich bin genant
der freygedanck. Mit eernn treüb ich
manichen schwanck so vns zu gotz
forcht vnd tugent zeücht. Wie
man sünd. vneer vnd laster sie
ucht. Damitt das vnngut
werd vertribē. Ich byn
lang zeytt verlegen bli-
ben. Vnnd wernoch

Je suppose,
Ami Lecteur
que tu lis le
haut-allemand
aussi couramment
que le chinois.
Je suppose aussi
que tu fais appren-
dre à tes enfants
l'allemand qui est
une fort belle langue,
dont la connaissance
peut être fort utile, en
certaines circonstances.

* (le bas de l'Inscrip-
tion du Frontispice se trouve à la page 57.)

(Vers rimés)

Traduction littérale.

Je me nomme la Libre-
Pensée. Avec honneur je
poursuis mainte sainte,
pour nous exciter à la crain-
te de Dieu, et à la vertu;
pour fuir le péché, les choses déshonorantes et les vices.
Afin que les abus soient ex-
tirpés.
Longtemps je suis restée cachée,
et serais encore]inconnue à plusieurs, si je n'avais été trouvée
par le Docteur Brant.

* Ce livre ancien qui justice vertement
les abus du Clergé et de la vie des
Cours parut dix ans avant la Réforme

56

Traduction
de la Signature (fig. 121)

L'an du Seigneur 1510, terminé par Hans Schœnsper-
ger le Jeune, à Augsbourg.
Le Vendredi, après le jour
de la Toussaint.

N.a Ce Hans Schœnsperger fut
l'imprimeur du fameux Theur-
danck; roman de Chevalerie qui
raconte les exploits
de l'Empereur
Maximilien,
époux de Marie
de Bour-
gogne.

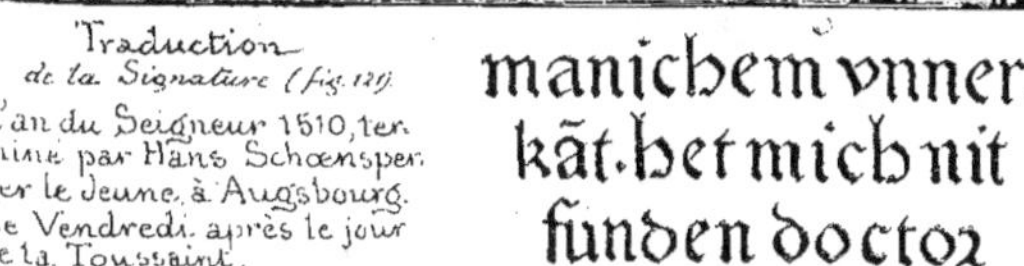
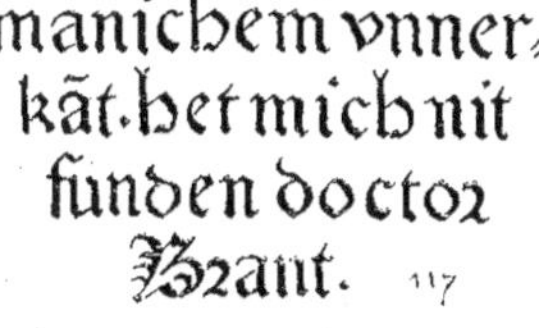

Signature:
(à la dernière page).

Anno domini M cccc x
Volendet durch Hanns
Schensperger den iungũ
Zu Augspurg Auff frey
tag nach Aller selen tag. 121

Bibliothèque du Musée Reiber

18 [AR] 76

N.a Cette page
se place au
bas de la pa-
ge précé-
dente.

118   119   120

Par quels motifs la 1re Édition du Freydanck, ce "franc-parleur" si gaulois du docteur Alsacien, Sébastien Brant - le célèbre auteur du Narrenschiff (la Nef des Fous) - a-t-elle vu le jour à Augsbourg plutôt qu'à Strasbourg, son "milieu" naturel, c'est ce qu'on ignore... Voici toujours trois intéressants spécimens de la Gravure "en manière criblée" qui date de 1420 environ. Avant l'emploi des tailles, les modelés s'obtenaient au moyen du poinçon et du marteau sur mé-tal. Les criblures, plus rapprochées donnaient les clairs.

Peinture Japonaise — Oiseaux.

Peinture Japonaise
Oiseaux.
Hirondelles blanches
Etude au pinceau.
Trait noir grisâtre (à l'encre de Chine pâle.
Les modelés des oiseaux en touches fondues, jaune vif.
18 72
d'un Album appartenant à Madᵉ Longuet
58.
122

SYSTÈME DE LA LIGNE SERPENTINE.

Extrait du MUSÉE-REIBER. N° 6.

La Ligne serpentine n'est évidemment qu'un adoucissement de la Ligne brisée (voy. p. 33); c'est la ligne "féminine" par excellence, et les artistes de la Grèce antique l'ont développée avec amour sur leurs Vases peint. Les motifs ci-dessus se voient sur les Vases grecs du "British Museum" (Voy. Owen Jones, Grammar of Ornament). fig. 127. Serpentine double. — fig. 128. Deux Serpentines opposées, origine de l'Ornement dit Méandre. — (A suivre). 59.

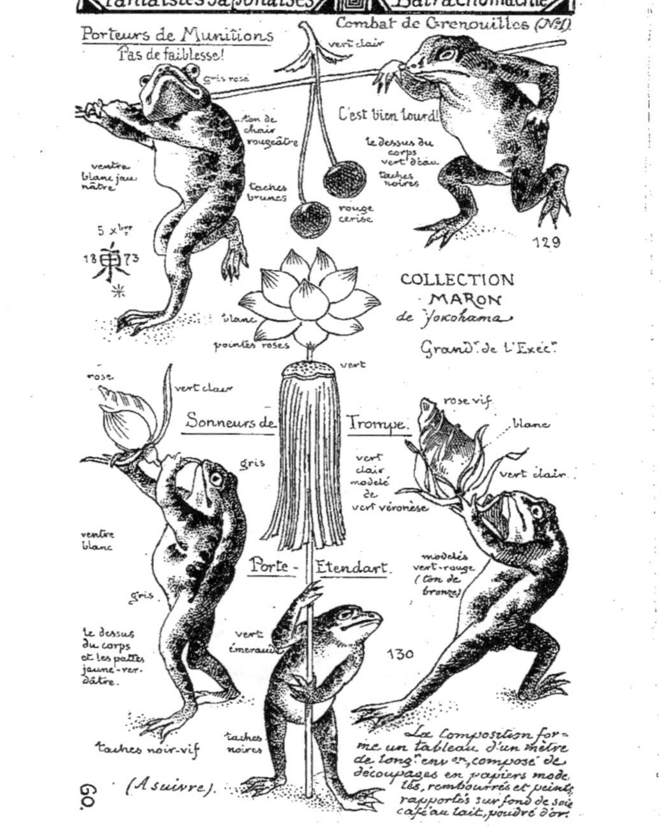

«Fantaisies Japonaises» «Batrachomachie»
Combat de Grenouilles (N°1)
Porteurs de Munitions
Pas de faiblesse!
Gris rosé
ton de chair rougeâtre
C'est bien lourd!
vert clair
le dessus du corps vert d'eau
taches noires
ventre blanc jaunâtre
taches brunes
rouge cerise
5 x bre
18 73
129
COLLECTION
MARON
de Yokohama
Grand. de l'Exéc.
blanc
pointes roses
vert
rose
vert clair
Sonneurs de
Trompe.
rose vif
blanc
gris
vert clair modelé de vert véronèse
vert clair
ventre blanc
Porte - Etendart.
modelés vert-rouge (ton de bronze)
gris
le dessus du corps et les pattes jaune-verdâtre.
vert émeraude
130
taches noir-vif
taches noires
La Composition forme un tableau d'un mètre de long. env., composé de découpages en papiers modelés, rembourrés et peints, rapportés sur fond de soie café au lait, poudré d'or.
(A suivre).
GO.

SYSTÊME QUADRANGULAIRE DIAGONAL.

Diagramme:

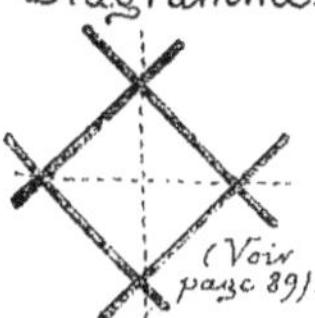

(Voir page 89).

Fig 131. La disposition diagonale ne s'accuse que par les intervalles que laissent entre elles les rosaces losanges à division orthogonale quadrangulaire trilobée, et dessinées en violet moyen, modelé en mousse, de violet foncé. Fig 132, au contraire elle est fortement accusée par des médaillons violets à centres vert clair à l'intersection des éléments diagonaux

131

Les diagonales ondulées, vert clair, filets jaunes; les rosaces quadrangulaires à lobes vert clair, pétales violet moyen avec accent violet foncé. Fond noir.

132

61.

DEVX BRVLE-PARFVMS
de la
COLLECTION·H·CERNVSCHI.

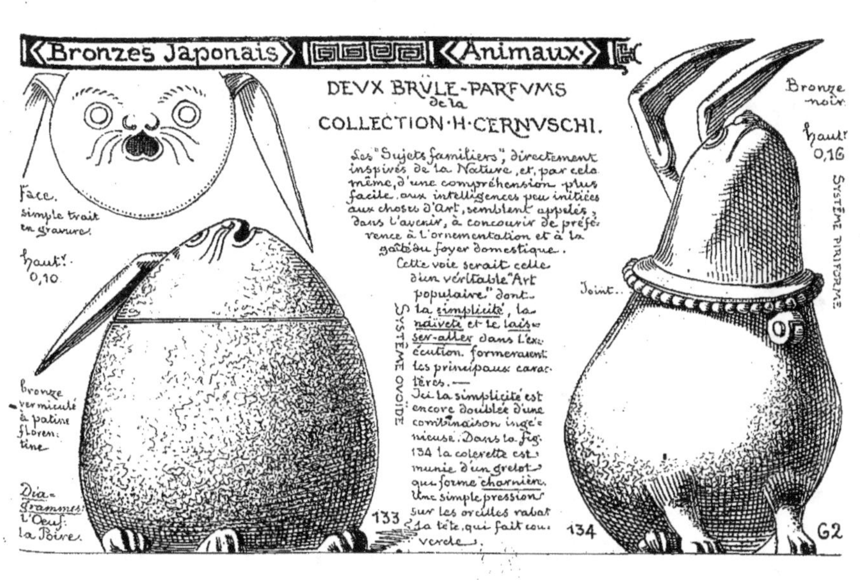

Les "Sujets familiers", directement inspirés de la Nature, et, par cela même, d'une compréhension plus facile aux intelligences peu initiées aux choses d'Art, semblent appelés, dans l'avenir, à concourir de préférence à l'ornementation et à la gaîté du foyer domestique.

Cette voie serait celle d'un véritable "Art populaire" dont la simplicité, la naïveté et le laisser-aller dans l'exécution formeraient les principaux caractères. — Ici la simplicité est encore doublée d'une combinaison ingénieuse. Dans la fig. 134 la collerette est munie d'un grelot qui forme charnière. Une simple pression sur les oreilles rabat la tête, qui fait couvercle.

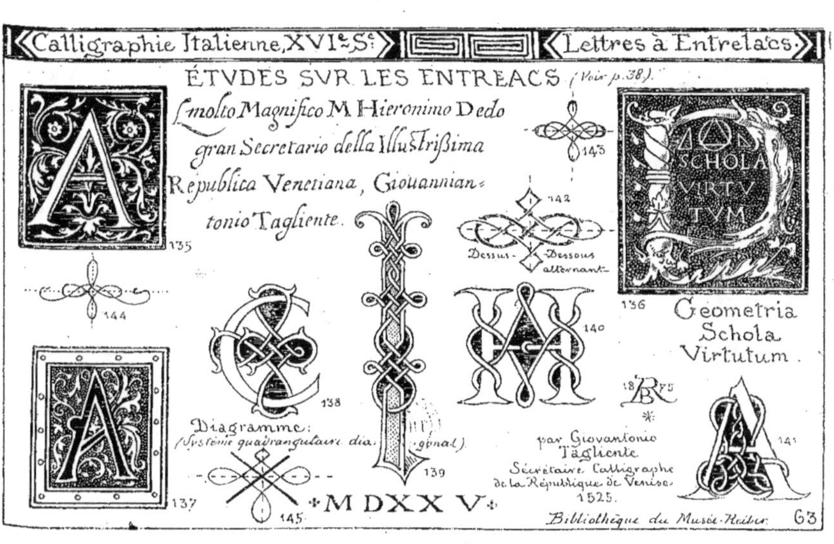

Calligraphie Italienne. XVIᵉ Sᶜ.
Lettres à Entrelacs.
ÉTVDES SVR LES ENTREACS (Voir p. 38).
molto Magnifico M. Hieronimo Dedo
gran Secretario della Illustrißima
Republica Venetiana, Giouannian-
tonio Tagliente.
135
143
142
Dessus
Dessous
alternant
144
Diagramme:
(Système quadrangulaire diagonal)
138
139
140
136
Geometria
Schola
Virtutum.
SCHOLA
VIRTV
TVM
18 Rʸˢ
par Giovantonio
Tagliente
Secrétaire Calligraphe
de la République de Venise
1525.
137
145
+ MDXXV +
141
Bibliothèque du Musée Pedro.
63

COMBINAISON des SYSTÊMES QVADRANGVLAIRES Orthogonal & Diagonal.
(Voy. pp. 32.43.85.89).

« France. XIVᵉ - XVᵉ Siècle »
« Costumes »

Cartes à jouer
de l'ancienne
Collection Lecarpentier

Le personnage de gau-
che (Valet de Pique),
porte un justaucorps
en brocart d'or à man-
ches bouffantes de l'é-
paule au coude. C'est
un costume de courte
page ou de "suivant").
Sur le milieu de la
poitrine on remarque
un "crevé" tailladé en
forme de lozange.
Le Valet de Cœur (fig
149) est un page portant
le "flambeau de l'hymé-
née" (Cœur est couleur
de mariage) qui est ici
un long cierge allant
jusqu'à terre. Chape-
ron à large plume. Pè-
lerine ou surcot
d'hermine.

148   149
1ᵉʳ Vol: Albums - Heiber IX.

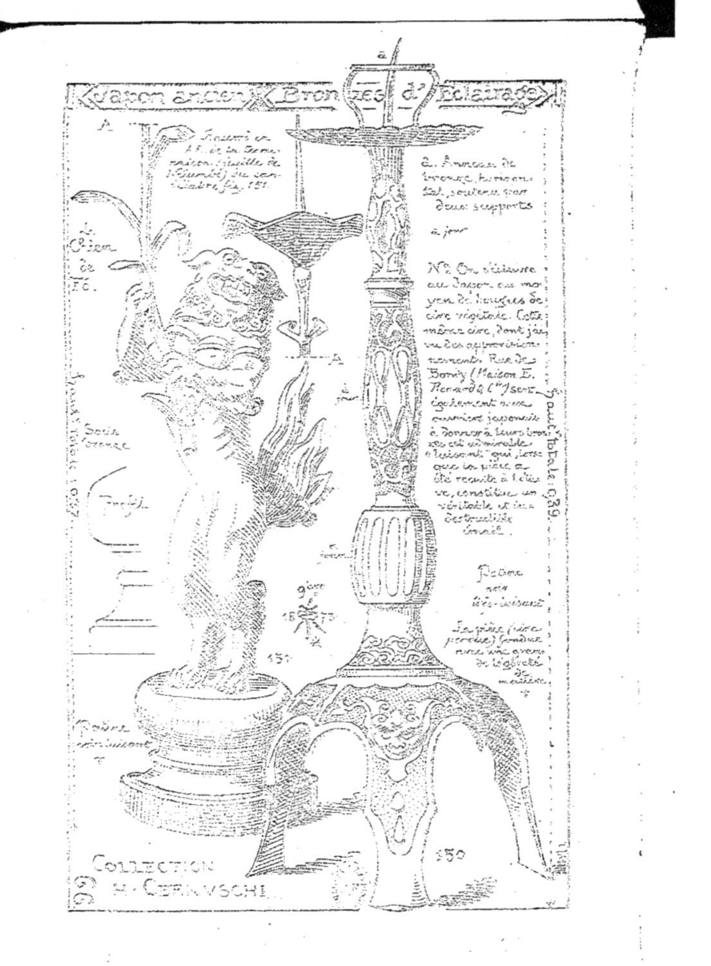

Japon ancien X Bronzes d' Éclairage
Haut. totale: 0.39
1. Gravé en A.R. de la même maison. (feuille de K.Sumbo) du candelabre, fig. 151.
2. Anneau de bronze, horizontal, soutenu par deux supports à jour
Chien de Fô.
NB. On s'éclairait au Japon au moyen de bougies de cire végétale. Cette même cire, dont j'ai vu des approvisionnements Rue de Bondy (Maison E. Renard & Cie) sert également aux ouvriers japonais à donner à leurs bronzes cet admirable "luisant" qui, lorsque la pièce a été recuite à l'étuve, constitue un véritable et indestructible émail.
Sous face
Projet.
Patine très luisant
La pièce (cire perdue) fondue avec une excès de légèreté de matière.
Collection H. Cernuschi
150
151
66

29 · Maroquin noir, dorures aux "petits fers", coins estampés à cabochons, fermoirs, chanfreins. (Bibliothèque du Musée-Kaiber.) inédit

‹Japon moderne.›   ‹Fantaisies d'Ok-Saï.›

L'Encyclopédie figurée (3 Séries de 7 Vol. in 8º) du célèbre Ok-Saï, artiste japonais du commencement de ce Siècle, mérite à plus d'un titre d'être connue du Lecteur. Outre la prodigieuse facilité, la verve, le naturel qui caractérisent cette suite d'Albums, ils nous initient aux mœurs, aux croyances, aux moindres détails de la vie de ce peuple extraordinaire. - Paysages et sites pittoresques, sujets maritimes, montagnes, rochers et cascades, animaux, fleurs et oiseaux, insectes et poissons. scènes de la vie publique et privée, métiers, combats, demi-dieux & héros légendaires, architecture, culture du thé, industrie de la soie, lutteurs et jongleurs, bonzes et philosophes, tout est saisi sur le vif par ce pinceau magique.
(A Suivre).

Etude du pinceau.

Mai 1872

L'original fait partie de la Bibliothèque du Musée-Reiber.

Figures extraites de la Composition à double page des "Souris se livrant au commerce du Riz" (Xᵉ Volᵉ de l'Encyclopédie d'Ok-saï.

Un teneur de livres se fait rendre compte par un employé, des opérations de la journée.

153

68.

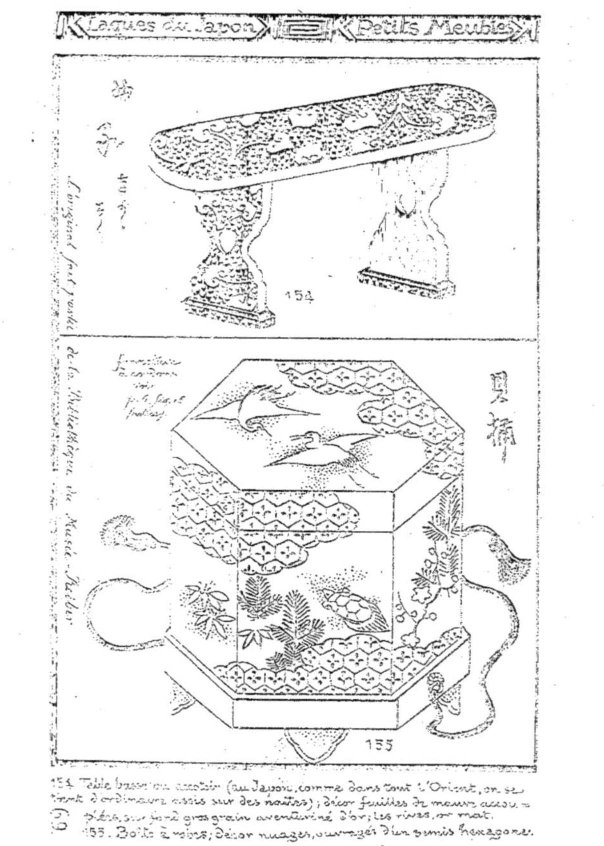

154. Table basse ou accotoir (au Japon, comme dans tout l'Orient, on se tient d'ordinaire assis sur des nattes); décor feuilles de mauve accouplées, sur fond gros grain aventuriné d'or; les rives, or mat.

155. Boîte à mets; décor nuages, ouvragés d'un semis hexagone.

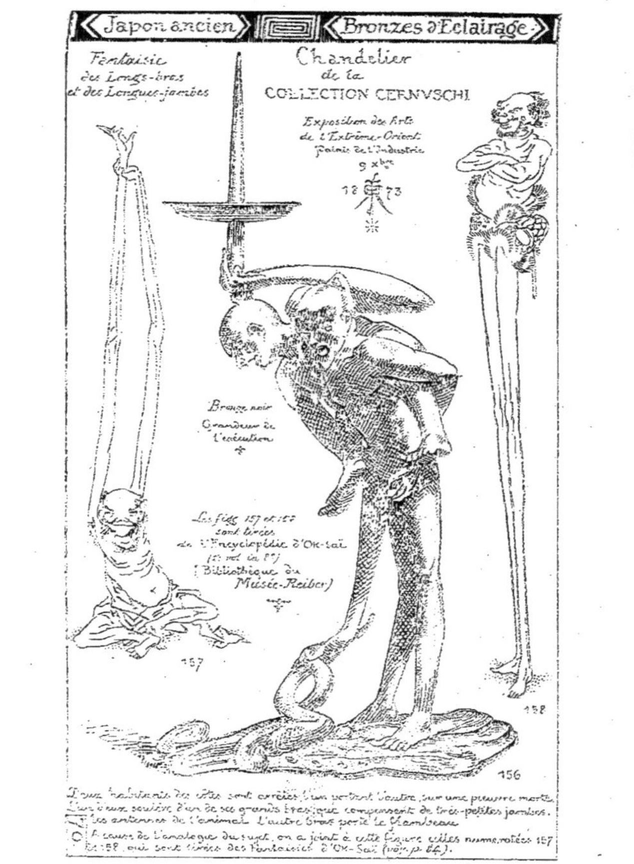

⟨ Japon ancien ⟩   ⟨ Bronzes d'Éclairage ⟩
Fantaisie des Longs-bras et des Longues-jambes
Chandelier de la COLLECTION CERNVSCHI
Exposition des Arts de l'Extrême-Orient Palais de l'Industrie
9 xbre 1873
Bronze noir Grandeur de l'exécution
Les figs 157 et 158 sont tirées de l'Encyclopédie d'Ok-saï (1er vol in 8°) (Bibliothèque du Musée-Reiber)
157
158
156

« Japon ancien » « Formes bulbeuses allongées »

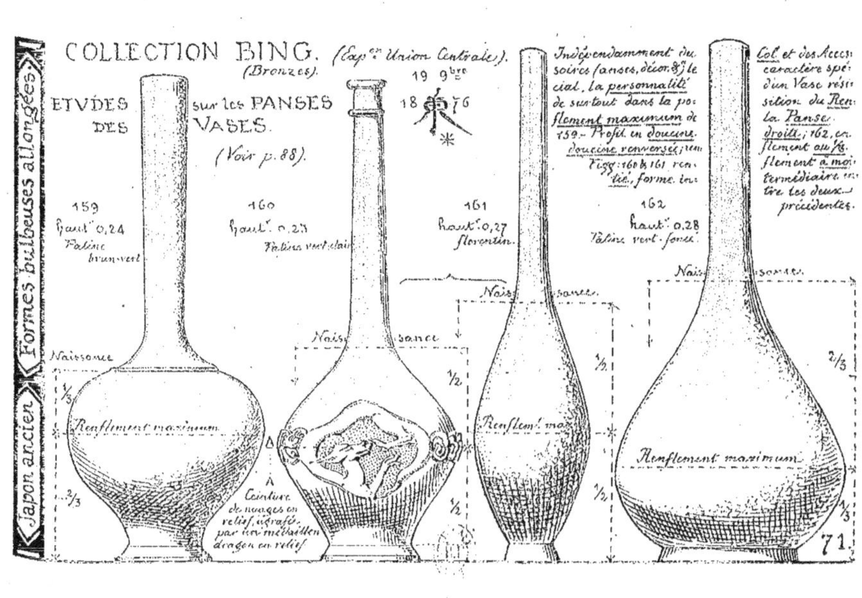

Japon ancien
Formes bulbeuses allongées
COLLECTION BING. (Exp.on Union Centrale).
(Bronzes).
ETVDES   sur les PANSES
DES   VASES.
(Voir p. 88).
19 9bre
18 76
159
haut. 0,24
Patine
brun-vert
160
haut. 0,23
Patine vert clair
161
haut. 0,27
florentin.
162
haut. 0,28
Patine vert-foncé.
Indépendamment des
soires (anses, décor &) le
cial, la personnalité
de surtout dans la pro-
flement maximum de
159. - Profil en doucine,
doucine renversée; ren-
Figg: 160 & 161 ren-
tié, forme in-
Col et des Acces:
caractère spé-
d'un Vase rési-
sition du Ren-
la Panse
droite; 162, en-
flement ou /2
flement à moi-
termédiaire en-
tre les deux
précédentes.
Naissance
Renflement maximum
Ceinture
de nuages en
relief, ugrafé
par un médaillon
dragon en relief
1/3
2/3
Naissance
1/2
1/2
Naissance
1/2
1/2
Naissance
2/3
Renflement maximum
1/3
71.

J'... di... en... vo... fig... pa... ten... fac... des... poi... les... repo... en... se... poi... pos... fig... les... fig... les... fig... se... fill... 168... dec... 169... des...

LES SYSTÊMES PARALLÈLES.

DIAGRAMMES des Trois Positions de la Ligne Droite

J'ai fait composer de très jolies dispositions de Rayures à des enfants, en leur faisant concevoir l'Horizontale matérielle A (fig. 163 — voy. p. 20) se mouvant parallèlement à elle-même, le long d'une Règle verticale XY, sur laquelle on marque à volonté des points de division. Si ces points sont équidistants, et qu'on les considère comme des points de repos où notre Horizontale s'arrête en laissant chaque fois une trace colorante équivalente à son épaisseur, nous formerons la disposition de Rayure n° 164.

fig. 165, est une disposition de filets et de bandes alternant.

fig. 166. Bande entre deux filets, se répétant.

fig. 167. Bandes accompagnées de 2 filets de chaque côté, avec filet séparateur d'un ton vif.

168. Filet entre 2 bandes, avec double filet séparateur.

169. Alternance de larges bandes et de (2.3.4.5.6) 7 filets, &.

1. Horizontale   2. Inclinée   3. Verticale

163   A

X. Mouvement de la Ligne droite parallèlement à elle-même.

164   166   168

Principe de la Génération des Rayures, Diagonales, &c.

169

166, lignes.   165   167   72

a, a, galons à crêtes de losanges noirs, fond saphir; b. fond rouge, rosaces fond saphir; d, l'anneau fond saphir...

D'ap.⁹ les Albums-Reiber. X 170 (Au ¼ de l'Exéc.ⁿ)

Nᵈ Le Tapis-Saphir du Musée-Reiber sera décrit dans tous ses détails. 73.

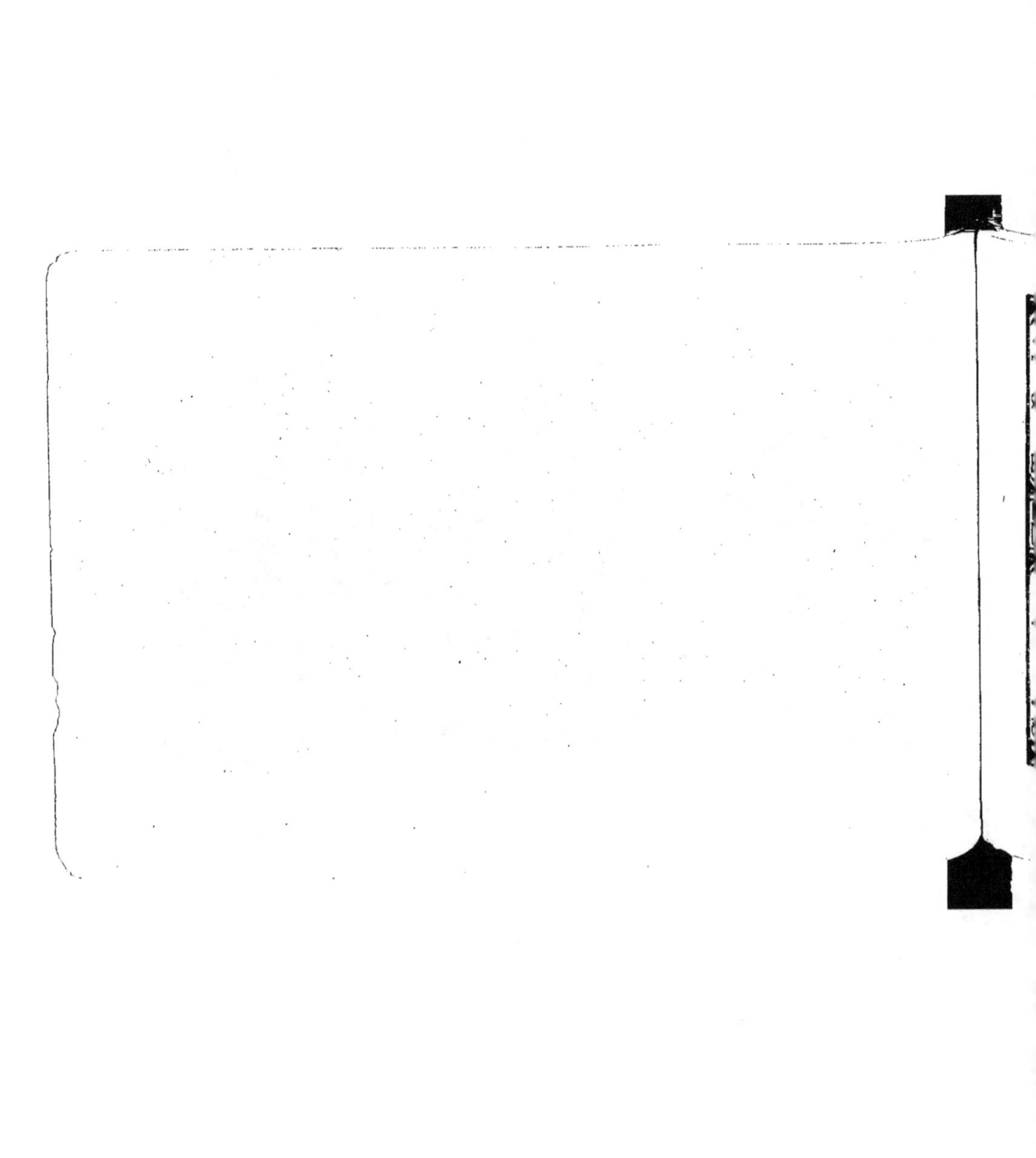

XVe Se (Jaune impérial).

modelée et décorée en relief, à la main.

(Branche de Chrysan-thème)

Fond jaune verdâtre clair
tout le décor (Chrysanthème)
en relief.
toute la tige, émail
lie-de-vin foncé;
les feuilles en
vert émeraude
à contours
et nervures
gravées

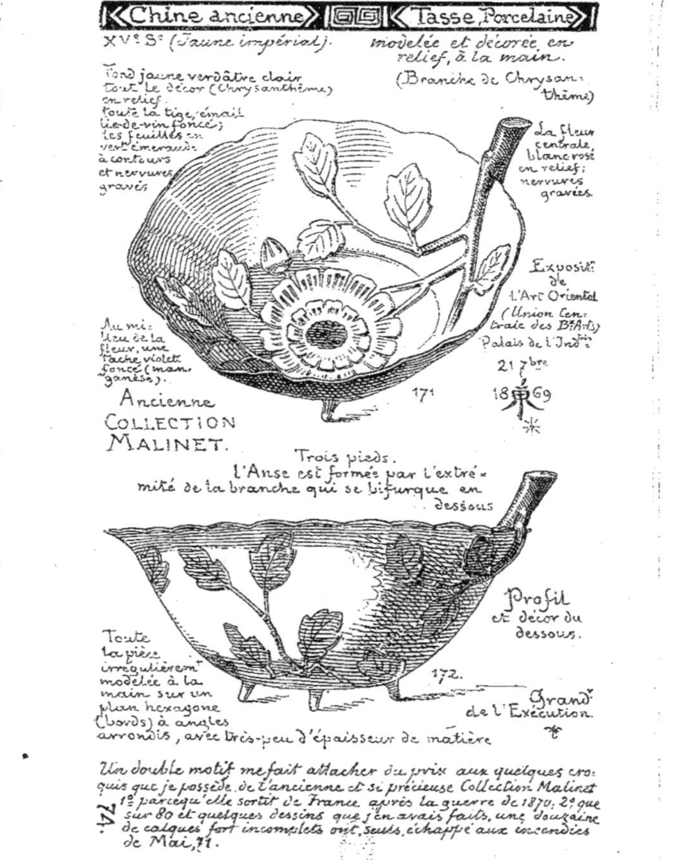

La fleur
centrale
blanc rosé
en relief;
nervures
gravées.

Au mi-
lieu de la
fleur, une
tache violet
foncé (man-
ganèse).

Exposit
de
L'Art Oriental
(Union Cen-
trale des B?Arts)
Palais de l'Indie

21 7bre
18 69

Ancienne
COLLECTION
MALINET.

Trois pieds.
l'Anse est formée par l'extré-
mité de la branche qui se bifurque en
dessous

Toute
la pièce
irrégulièrem
modelée à la
main sur un
plan hexagone
(bords) à angles
arrondis, avec très-peu d'épaisseur de matière

Profil
et décor du
dessous.

172.

Grand
de l'Exécution.

Un double motif me fait attacher du prix aux quelques croquis que je possède de l'ancienne et si précieuse Collection Malinet
1° parcequ'elle sortit de France après la guerre de 1870. 2° que
sur 80 et quelques dessins que j'en avais faits, une douzaine
de calques fort incomplets ont seuls échappé aux incendies
de Mai, 71.

74.

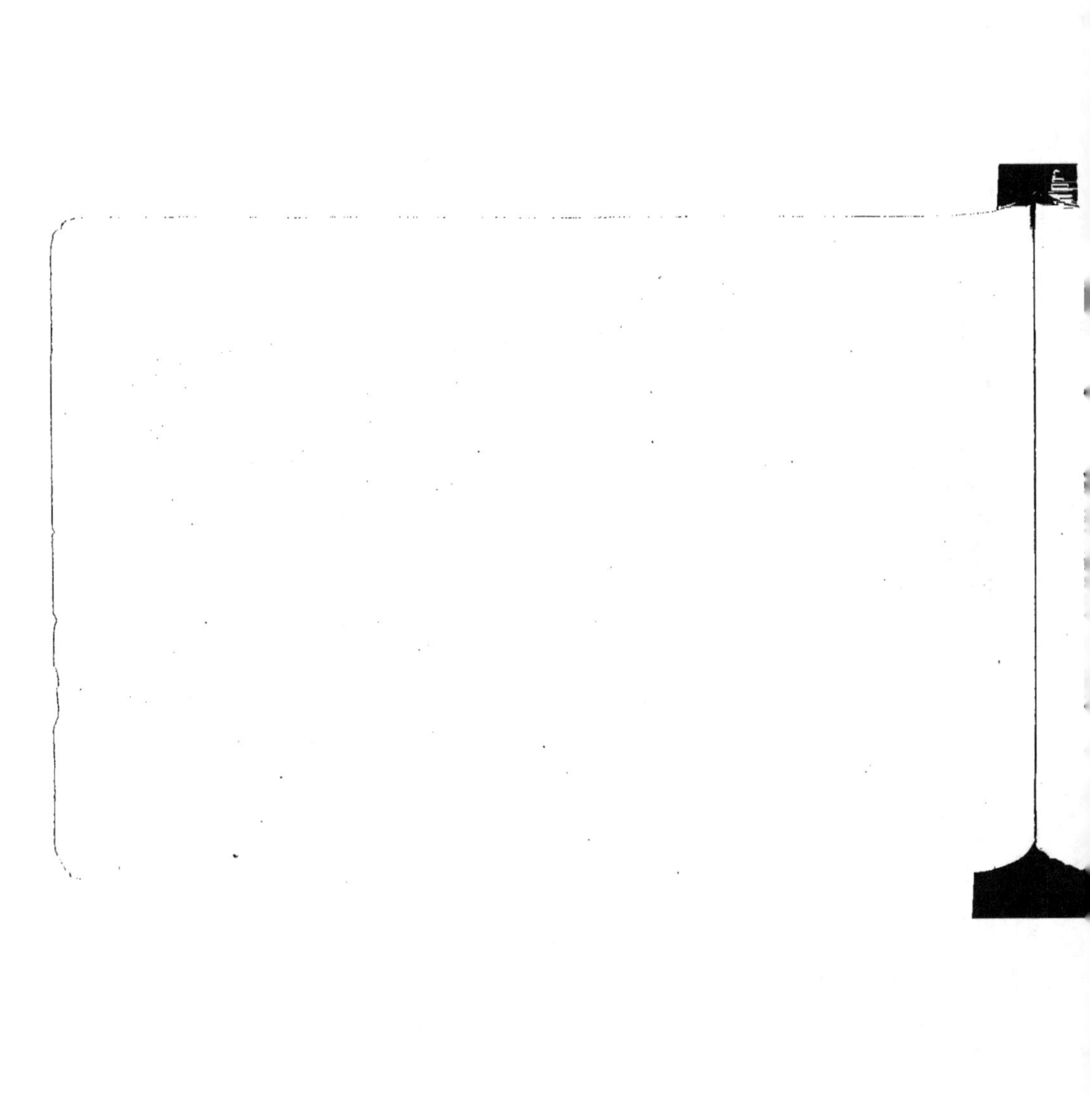

◄ Peinture Égyptienne ►   ◄ Ornements courants ►
Développements primitifs du SYSTÈME DE LA LIGNE BRISÉE.
173
174
Diagramme. Voyez pp. 33, 40.
175
176
N.B. Tous ces décors sont reproduits (d'après Owen Jones) des Peintures des Boîtes à Momies du British Museum.
177
178
Notation des couleurs : Noir, Blanc, Rouge (tons agrémé) Jaune (teinte). Dans la fig. 178, les
Calices de Lotus en vert véronèse sur fond ardoisé, origine du Méandre rectiligne. p. 75

Les pétales des fleurs
de cerisier, glacés
d'un lait de gouache
blanche.
Les boutons en carmin
vif.

Sa tête, l'aile et la
queue de l'oiseau, glacés
de bistre moyen;
la poitrine, le bec
et les pattes, glacés
de teinte neutre.
Tout le dessin
est exécuté
aux cou-
leurs à
l'eau.

Toutes les feuilles
naissantes de la branche
de cerisier, ainsi que les
cœurs (étamines) des
fleurs, glacés de
jaune vif.

Étude
au pinceau.
Juillet
1871

d'un Album
appartenant à
Mad.¹ Longuet

180

Dans ce genre de Bordures à Entrelacs, les motifs sont disposés symé-
triquement sur chacun des "Axes longitudinaux" des quatre bandes.
Les motifs carrés des bandes verticales sont reliés par des masses d'entrelacs (système diagonal (voy. p.89) à contours elliptiques.
A ceux qui poursuivent la réforme si nécessaire, de nos Caractères typographiques contemporains, je signale les livres imprimés
chez le célèbre Paganini de Tusculano comme pouvant leur fournir
d'utiles indications.

77.

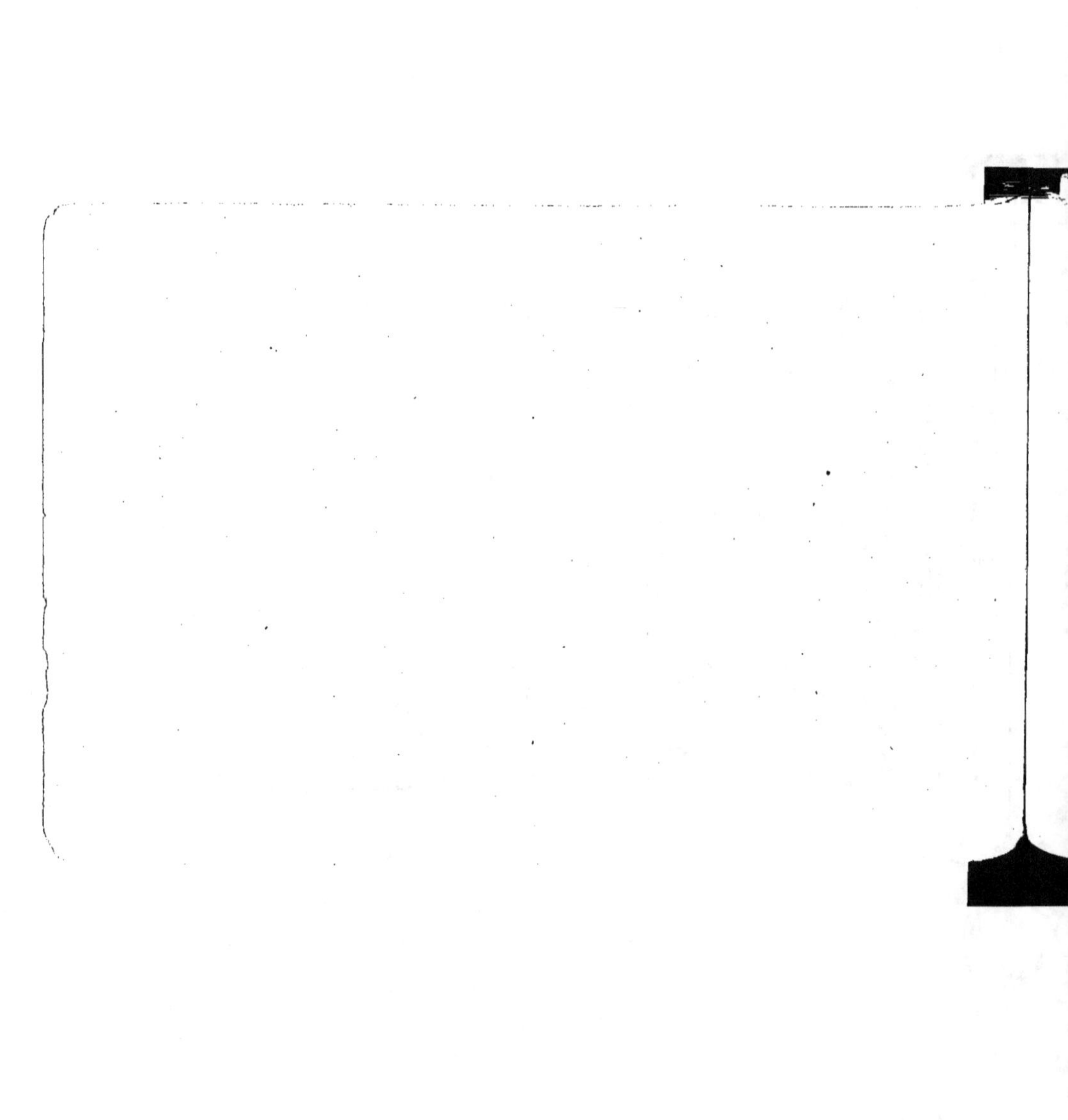

ETVDE DES MASSES ET DES SILHOUETTES.

LE CHAR D'APOLLON
par Raphaël.

SALA BORGIA
(Vatican).

d'après le dessin du
Piranèse, gravé par
Piroli.
(Biblioth. du Musée Reiber).

181

78

Peinture Italienne - XVIe Se.
Grandes Compositions décoratives
ETVDE des MASSES et des SILHOUETTES.
SALA BORGIA
(Vatican.)
Diagramme
de la p. 78.
LE CHAR D'APOLLON
de Raphaël
Diagramme
de la MASSE
des
Chevaux.
182
79

❰GRAPHIQUE PRIMAIRE❱ ❰Combinaisons de la LIGNE DROITE❱

du MUSÉE-REIBER (N° 8).

SYSTÈME DES DIAGONALES PARALLÈLES OPPOSÉES.

Diagramme:

Diagr. fig 183. Rencontre, sur un Axe vertical XY, en des points équidistants à.à.à de deux systèmes parallèles inclinés en sens contraire.

Un des Systèmes les plus ré» pandus dans la Nature.

184. Nervures de feuilles.
185. Disposition de feuilles sur une tige.
186. Plume d'oiseau.
187. id. Application (Peintures Egytiennes): Insignes por» tés par les officiers des Pha: raons.
188. Aigrette de plumes (pein: tures Assyriennes).
189. Galons, & bordures (190) id.
191-193. Gravures et Tissus (Iles Océaniennes).
194. Appareil de maçonnerie de briques disposées en Arê: te de poisson (constructions Gallo-romaines).
(Tout le monde connaît les» parquets en "point de Hon» grie" &ª).
Les hachures verticales ind» quent un ton brun-rouge.

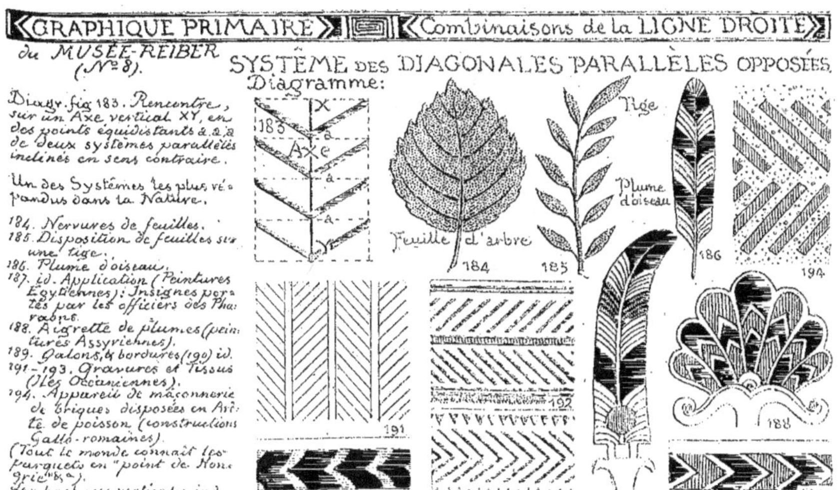

Tapisseries d'Arras (Hautes-lisses de Flandres).

Ce riche fragment d'étoffe de laine tissée sert encore aujourd'hui de
coussin d'autel (pulvinar) dans une Église d'Allemagne. (Voir
Fr. Bock, Geschichte der Liturgischen Gewänder des Mittelalters).
Le dessin général se composait évidemment d'un Semis de médaillons ovales semblables et formés de "chapels" (couronnes) de feuillages et de fleurs. La Licorne a toujours dans la Symbolique
du Moyen-Age, représenté le Christ; la Vierge, l'Ame chrétienne.

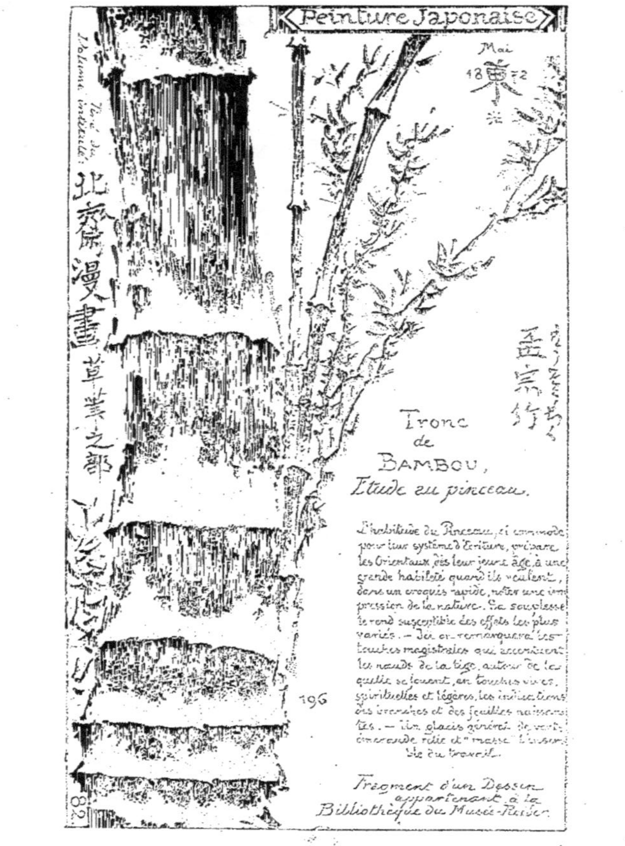

Peinture Japonaise
Mai 1872
Tronc de BAMBOU,
Étude au pinceau.
L'habileté du Pinceau, si commode pour leur système d'Écriture, prépare les Orientaux dès leur jeune âge, à une grande habileté quand ils veulent, dans un croquis rapide, noter une impression de la nature. Sa souplesse le rend susceptible des effets les plus variés. — Ici on remarquera les touches magistrales qui accentuent les nœuds de la tige, autour desquelles se jouent, en touches vives, spirituelles et légères, les indications des branches et des feuilles naissantes. — Un glacis général de vert émeraude relie et " masse " l'ensemble du travail.
Fragment d'un Dessin appartenant à la Bibliothèque du Musée-Reiset.
Tiré du Volume intitulé :
196
82

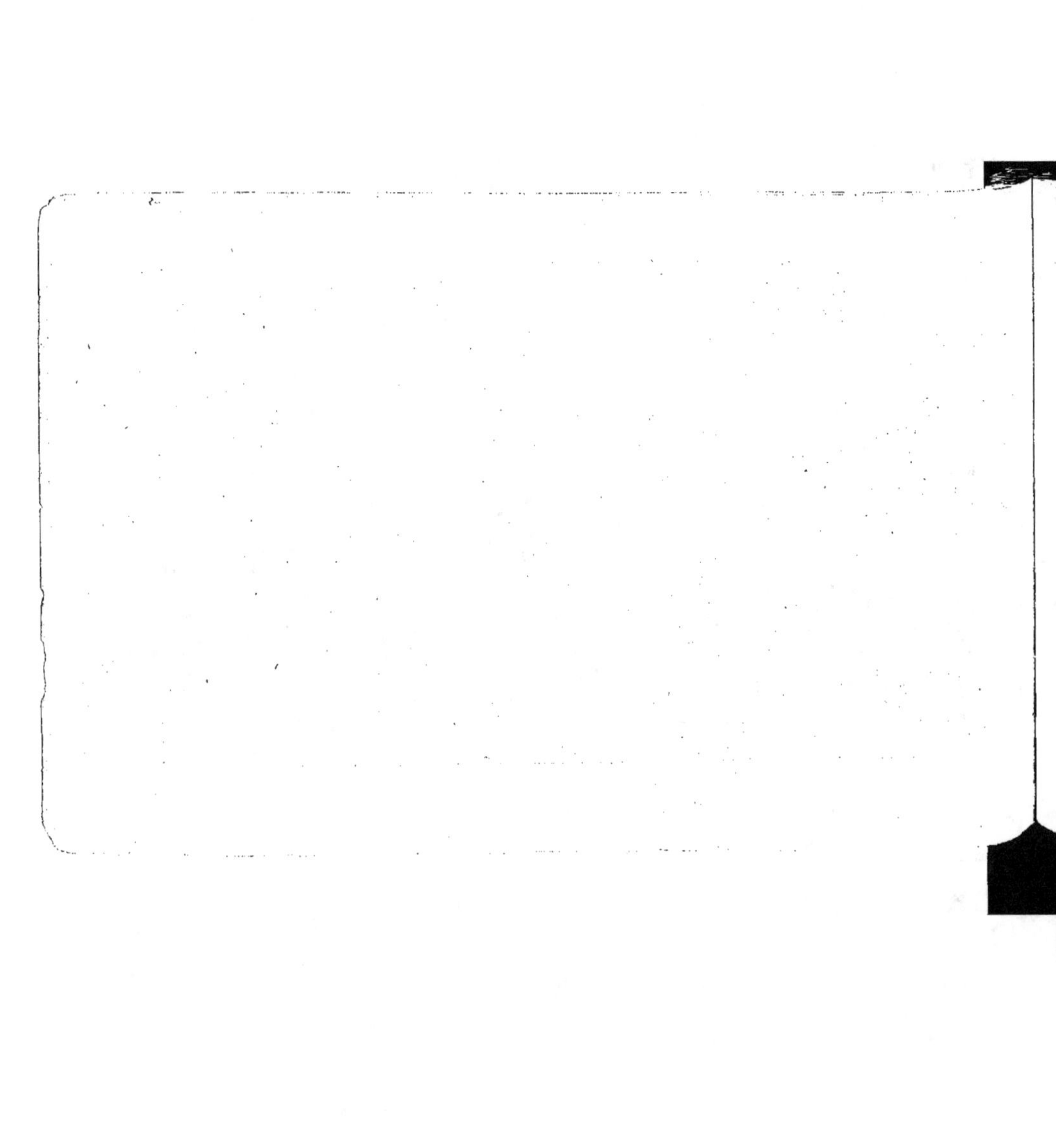

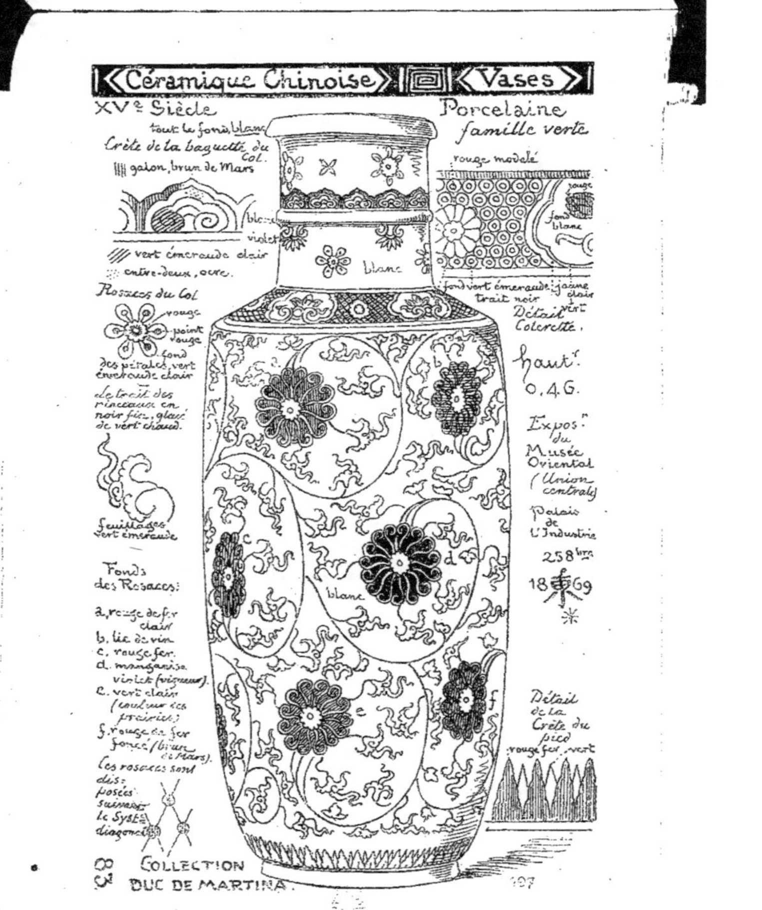

《Céramique Chinoise》 ▣ 《Vases》
XVe Siècle
Porcelaine famille verte
tout le fond blanc
Crête de la baguette du Col.
|||| galon, brun de Mars
blanc
violet
/// vert émeraude clair
entre-deux, ocre.
Rosaces du Col
rouge
point rouge
fond des pétales, vert émeraude clair
le trait des rinceaux en noir fin, glacé de vert chaud.
Feuillages vert émeraude
Fonds des Rosaces:
a. rouge de fer clair
b. lie de vin
c. rouge fer.
d. manganèse violet (vigneur).
e. vert clair (couleur des prairies)
f. rouge de fer foncé (brun de Mars).
les rosaces sont dis: posées suivant le Systè. diagonal.
blanc
rouge modelé
rouge
fond blanc
fond vert émeraude; jaune clair, trait noir, vert
Détail Coloreté.
haut. 0.4G.
Expos. du Musée Oriental (Union centrale) Palais de l'Industrie 258bis 1869
Détail de la Crête du pied, rouge fer, vert
COLLECTION DUC DE MARTINA.
83

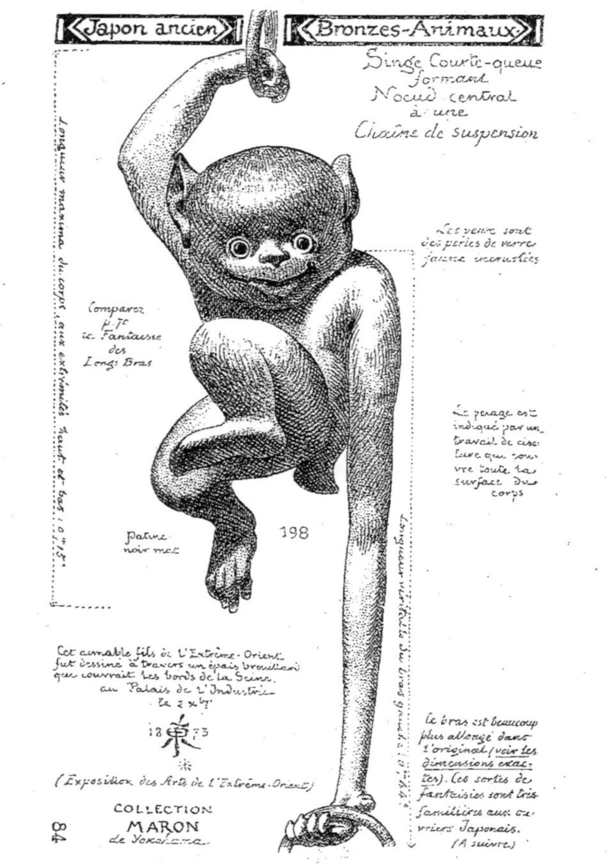

Japon ancien
Bronzes-Animaux
Singe Courte-queue formant Nœud central à une Chaîne de suspension
Les yeux sont des perles de verre jaune incrustées
Comparez p. 7c ic Fantaisie des Longs Bras
Le pelage est indiqué par un travail de ciselure qui recouvre toute la surface du corps
Patine noir mat
198
Cet aimable fils de L'Extrème-Orient fut dessiné à travers un épais brouillard qui couvrait les bords de la Seine au Palais de L'Industrie le 2 x 67
1873
(Exposition des Arts de l'Extrème-Orient)
Le bras est beaucoup plus allongé dans l'original (voir les dimensions exactes). Ces sortes de Fantaisies sont très familières aux ouvriers Japonais. (A suivre.)
COLLECTION MARON de Yokohama
84

du MUSÉE-REIBER.
(N°9).

SYSTÈME QUADRANGULAIRE ORTHOGONAL.
Diagrammes:

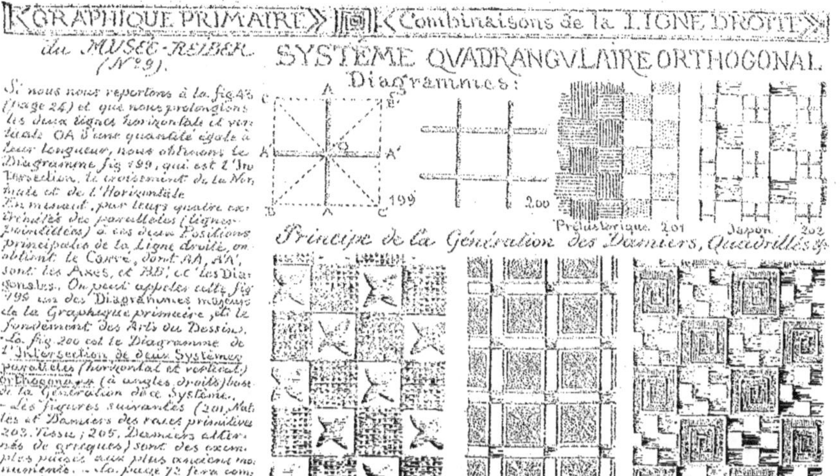

Si nous nous reportons à la fig.43 (page 24) et que nous prolongeons les deux lignes horizontale et verticale OA d'une quantité égale à leur longueur, nous obtenons le Diagramme fig 199, qui est l'Intersection, le croisement de la Normale et de l'Horizontale.

En mesurant, par leurs quatre extrémités des parallèles (lignes parallèles) à ces deux Positions principales de la Ligne droite, on obtient le Carré, dont AA, A'A', sont les Axes, et BB', CC' les Diagonales. On peut appeler cette fig 199 un des Diagrammes majeurs de la Graphique primaire, et le fondement des Arts du Dessin.

La fig 200 est le Diagramme de l'Intersection de deux Systèmes parallèles (horizontal et vertical) orthogonaux (à angles droits) base de la Génération de ce Système.

Les figures suivantes (201. Nattes et Damiers des races primitives; 203. Tissus; 205. Damiers alternés de grecques) sont des exemples puisés aux plus anciens monuments. La page 72 fera comprendre de quelle immense variété de combinaisons ce Systême est susceptible.

85.

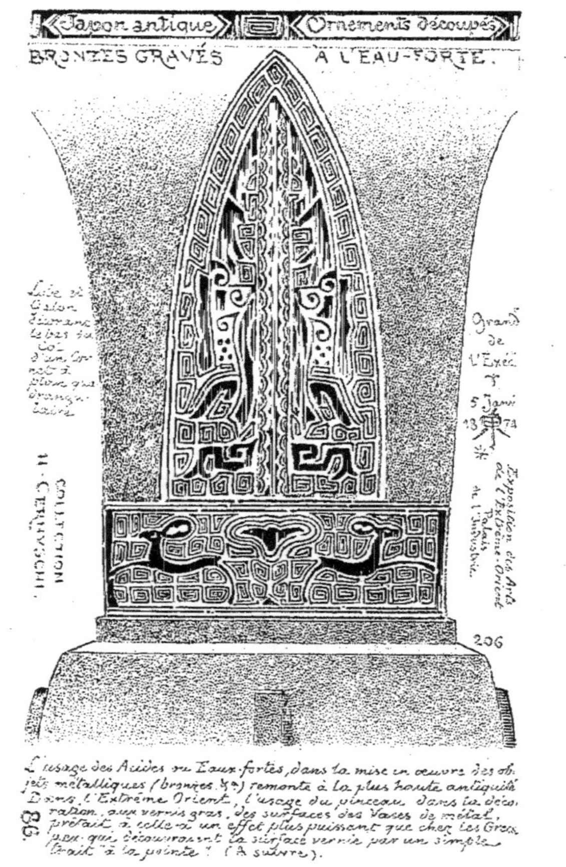
Japon antique   Ornements découpés
BRONZES GRAVÉS   À L'EAU-FORTE.
Exposition des Arts
de l'Extrême-Orient
Palais
de l'Industrie.
COLLECTION
H. CERNUSCHI.
206
86
L'usage des Acides ou Eaux-fortes, dans la mise en œuvre des objets métalliques (bronzes &c.) remonte à la plus haute antiquité.
Dans l'Extrême Orient, l'usage du pinceau, dans la décoration, aux vernis gras, des surfaces des Vases de métal,
prêtait à celle-ci un effet plus puissant que chez les Grecs
peu qui découvraient la surface vernie par un simple
trait à la pointe ? (A suivre).

Vase et Guéridon.

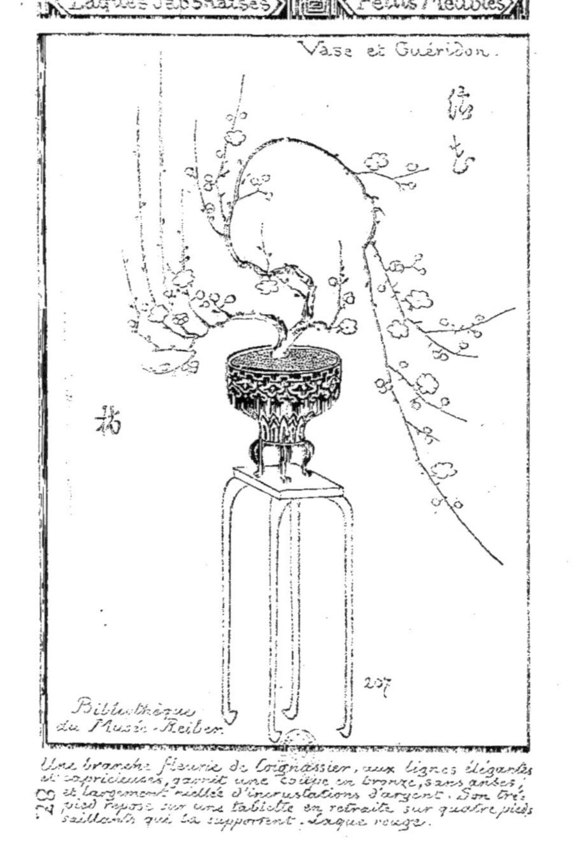

287

Une branche fleurie de Coignassier, aux lignes élégantes et capricieuses, garnit une coupe en bronze, sans anses, et largement niellée d'incrustations d'argent. Son trépied repose sur une tablette en retraite sur quatre pieds saillants qui la supportent. Laque rouge.

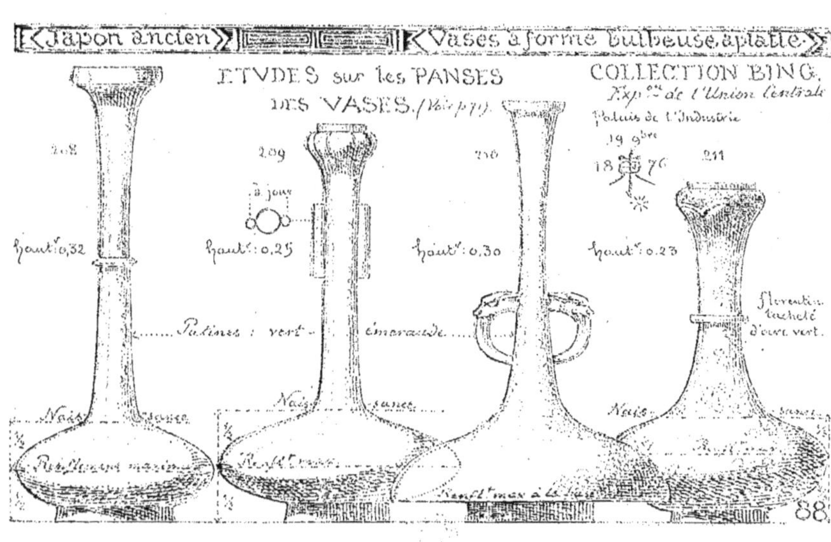
Japon ancien
Vases à forme bulbeuse aplatie
ÉTUDES sur les PANSES DES VASES (Voir p.79)
COLLECTION BING.
Exp^on de l'Union Centrale
Palais de l'Industrie
19 9bre
18 76
208
209
à jour
210
211
haut: 0,32
haut: 0,25
haut: 0,30
haut: 0,23
Patines : vert
émeraude
Florentin
tacheté
d'ocre vert.
Naissance
Naissance
Naissance
Renflement maximum
Renfl^t max à la base
88

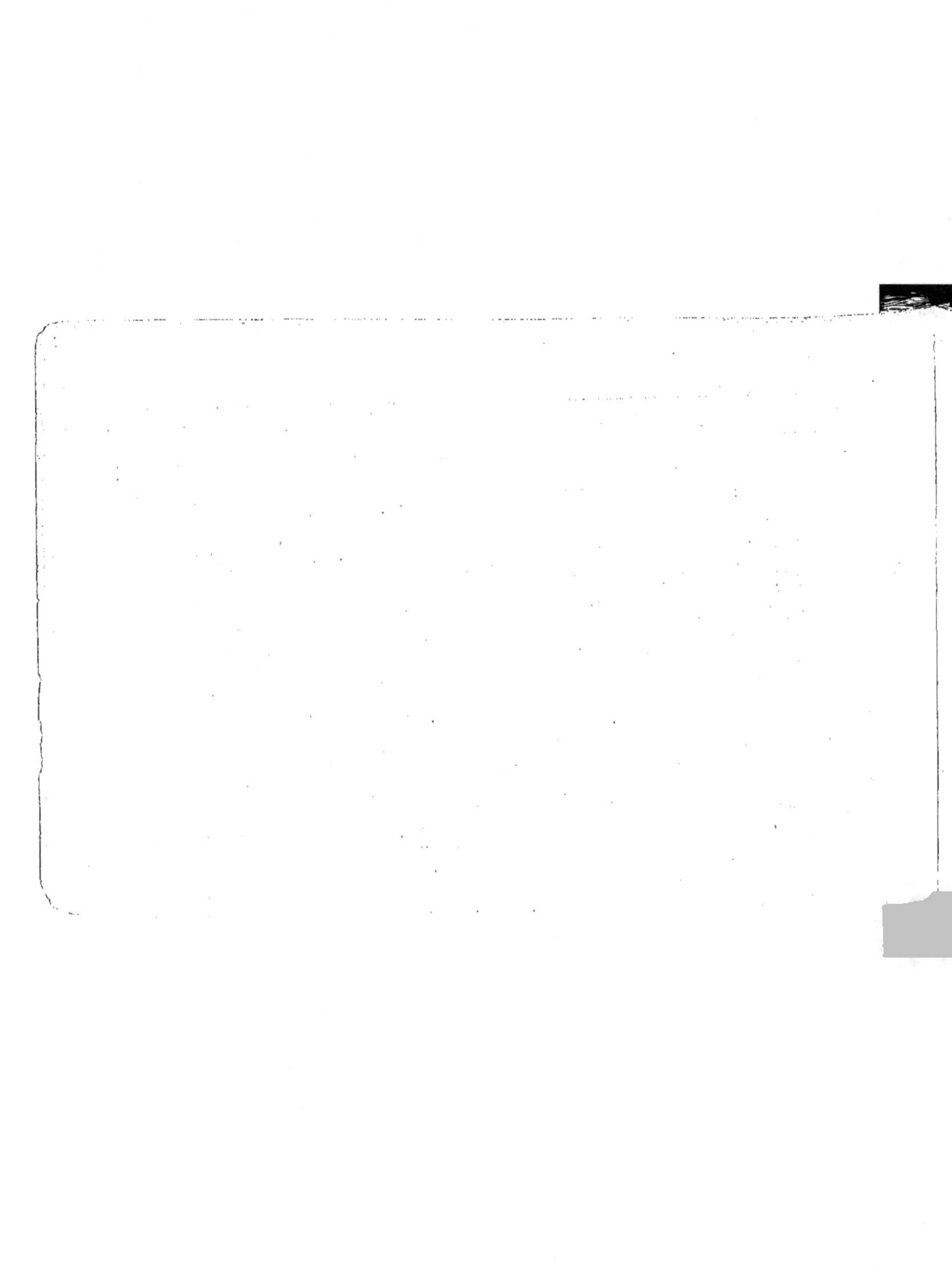

du *MUSÉE-REIBER*
(N° 10).

SYSTÊME QUADRANGVLAIRE DIAGONAL.
Diagrammes :

Si, dans le Carré parfait,
(établi par le Diagramme
fig 199, page 85) au lieu de
considérer les Axes orthogonaux AA, A'A', on considère
les Diagonales BB', CC' comme directrices de deux systèmes parallèles, on obtient
la fig 212 bis, comme Diagramme du Système qua-
drangulaire diagonal, que
les ouvriers de l'ancienne
Égypte et tous les Orientaux
ont développé avec profusion.

Fig 213 Etoffe, dont l'élément
principal est une bande noire
entre deux filets de même couleur. Fond jaune quadrillé de
filets blancs dans le système
orthogonal. — 214. Manche de
hachette (pierre polie) en bois dur
taillé au couteau (pointes de diamant renfoncées).
Les Peintures 215-219 sont dans
les tons primitifs : jaune (teinte)
brun rouge (hachures verticales)
noir, blanc ; sauf 217 (vert oli-
ve. — 219 est un décor pris sur
un Vase grec et 220 une Mosaïque de pavement, à deux tons.
Albums-Reiber — XII.

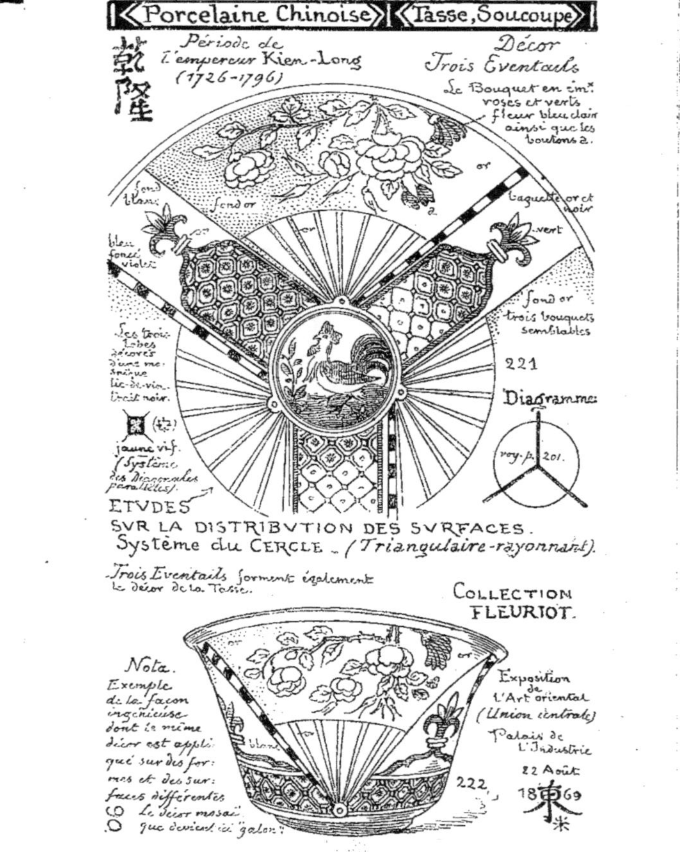

Porcelaine Chinoise
Tasse, Soucoupe
Période de l'empereur Kien-Long (1726-1796)
Décor
Trois Eventails
Le Bouquet en im.ᵉ roses et verts, fleur bleu clair ainsi que les boutons 2.
or
or
fond blanc
fond or
baguette or et noir
vert
bleu foncé violet
fond or trois bouquets semblables
Les trois lobes décorés d'une même manière lie-de-vin, trait noir.
jaune vif. (Système des Diagonales parallèles)
221
Diagramme
voy. p. 201.
ETVDES
SVR LA DISTRIBVTION DES SVRFACES.
Système du CERCLE - (Triangulaire-rayonnant).
Trois Eventails forment également le décor de la Tasse.
COLLECTION FLEURIOT.
Nota.
Exemple de la façon ingénieuse dont le même décor est appliqué sur des formes et des surfaces différentes
Le décor mosaï que devient ici "galon".
or
blanc
Exposition de l'Art oriental (Union centrale) Palais de l'Industrie 22 Août 1869
222

France, fin XIVᵉ Sᵉ.
Costumes

Cartes à jouer
de l'ancienne
Collection Lecarpentier

L'influence orientale,
dans les huit pièces don:
nées pp. 3, 45. 65 & 91, est
évidente 1° dans les fonds
de brocart des fig. 7 & 94
et „craquelés" des fig. 148,
149 & 224; (dans celle-ci
une large fleur de Chry.
santhème. de Chine cou:
vre le buste) 2° dans les
bordures des fig. 6, 7, 94
et 223 ; 3° dans les vins
ceaux des fig. 6 et 223,
qui relient les piques
et les tréfles ou tréfeuil.
les (ici quatrelobes) en.
tre eux :
Au Moyen Age déjà,
les riches étoffes de Chi.
ne, (les Vases) les minia
tures persanes, étaient
importées en Europe par
l'opulente Venise.

223   224   91.

Peintures Grecques ▣ Animaux
Peintures des VASES CORINTHIENS.
Lièvre - Sanglier
Musée du Louvre.
19 Mai
18R75
225
Le motif du décor de la bande ou Frise principale, occupant
la panse du Vase est un sujet de Chasse et l'ouvrier grec
a bien traduit la peur du Lièvre en le montrant courant
sur les branches d'un arbre – Décor au pinceau (manganèse,
les parties crenées brun rouge. les détails gravés à la pointe
92

Patine : florentin clair.   haut.: 0,03. Diam.: 0,17

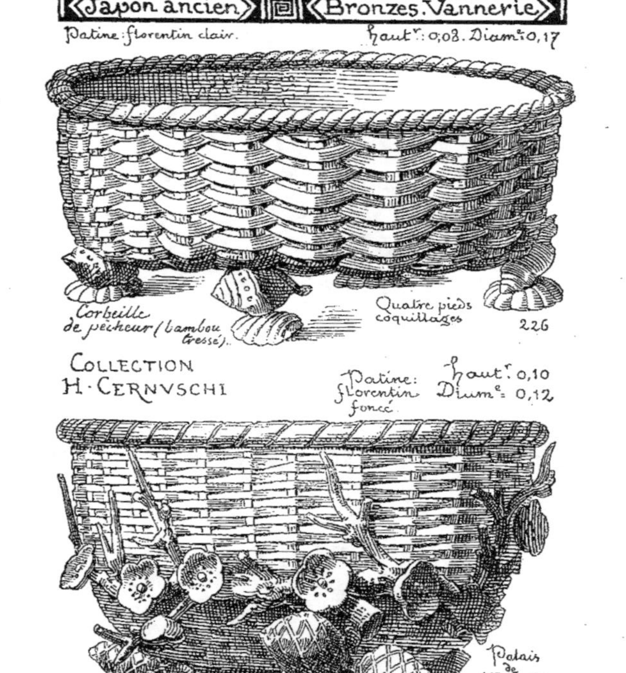

Corbeille de pêcheur (bambou tressé).

Quatre pieds coquillages

226

COLLECTION H. CERNVSCHI

Patine : florentin foncé

haut.: 0,10
Diam.: 0,12

Trois pieds branches de mélèze et cognassier

227. Corbeille demi-sphérique.

Palais de l'Industrie Xbre 1873

93.

Ces pièces, comme toutes celles reproduites plus haut, sont fondues « à cire perdue ». (A suivre).

ETVDES SVR LA DISTRIBVTION DES SVRFACES.
(Compartiments)

COFFRET ALMORAVIDE
forme prismatique, décor à médaillons
à Grenade.

Tiré des "Antiguedades" de P. Lozano. (Biblioth. du Musée-Reiber)

223

Développement du Pourtour
d'une Coupe Arabe en métal gravé *(dix médaillons)*
(Voy. p. 98 l'Ensemble, ainsi que les 2 autres faces du coffret ci-dessus.)

229

94.

Peinture Japonaise
Costumes – Enfants

La richesse des étoffes et la recher-
che des accessoires (cage, écran) nous
indiquent que ce sont des enfants
de Daïmios (seigneurs), que nous
voyons ici se livrer à la chasse aux
papillons. Quoique cette peinture
ne remonte pas au-delà du milieu
du siècle dernier, les costumes
(tunique courte galonnée,
large pantalon flottant)
qui rappellent ceux de
l'ancienne Chine (le
bonnet est tartare),
sont plus anciens.
Ainsi, chez
nous, aimons-
nous voir des
sujets aima-
bles représen-
tés avec les
costumes de
l'ancienne
France.

Étude au pinceau.
17 Juin
18 72

MANQUÉ !

Les modelés des tuniques, à
l'encre de Chine pâle
La fourrure du bon-
net, le bois et les
passementeries
de la cage et
la baguette de
l'écran, sont
glacés de jau-
ne brunâ-
tre.

231

230

Bibliothèque
du Musée-Reiber.

95.

Fantaisies japonaises
Animaux, Jouets d'enfants
Etude au pinceau
à moitié de l'original.
A Tous
les Jolis
Bébés de France
Joie et Prospérité
25 Xbre
18   76
Le collier (onji vieissier) et la fleur du médaillon de la saiuesse, glacés de rouge indien
232
Le Croquis original appartient à la Bibliothèque du   Musée-Reiber.
96.

DU PREMIER VOLUME

FIN

DE LA TABLE DES MATIÈRES

du

Premier Volume

Toutes les Planches de ce Livre
ont été gravées
sur les dessins originaux de l'Auteur
par les Procédés paniconographiques et de photogravure
de
Mme V° *GILLOT et FILS*
79, rue de Madame.

Achevé d'imprimer pour le compte du Musée-Reiber le 14 octobre 1877 par MOTTEROZ, Imprimeur, 31, Rue du Dragon

NE
NOUS
LASSONS JAMAIS
D'ÉCLAIRER
LE PEUPLE.
Khoung-Tseu.
(Confucius)
Chine,
VIe Siècle
av. J.Ch.
Imp. Motteroz.